中传精品教材·融媒体传播与数据新闻系列

SOFTWARES AND APPLICATIONS OF DATA JOURNALISM

数据新闻报道软件工具与应用

詹新惠 陈晓晗 汪惠怡 ◎ 编著

中国传媒大学出版社
·北京·

序　言

数据新闻，指基于数据的抓取、挖掘、统计、分析和可视化呈现的新型新闻报道方式，核心是对数据的处理。

数据新闻伴随着数据时代的到来而兴起、发展、演变。作为一种新型报道形态，其生产、制作方式打破了传统的新闻生产流程，更对从业者提出了技术能力、逻辑能力、演绎能力、视觉能力等多方面的更高的要求，其中，数据处理能力是重要的一项。当前，数据处理的手段繁多，各类工具化的网站、软件逐渐兴起。如何更好地利用各种软件工具，更高效地借助软件工具生产、制作数据新闻，成为学习数据新闻的重要一步。

基于此，我们组织中国传媒大学数据新闻专业的教师、学生，编著了《数据新闻报道软件工具与应用》一书。本书面向学习数据新闻专业、课程的在线学生，面向数据新闻领域的初学者，面向专业机构中初尝数据新闻的媒体人、新闻人等，围绕其在数据新闻制作中的实际需求，从数据新闻的生产全流程——数据搜集、数据清洗、数据呈现三个环节，对数据新闻的制作方式进行了介绍和讲解，搜集整理了当下数据新闻工作者使用较多的权威数据源，以及数据处理、数据可视化的工具和学习资源，通过原理与案例相结合的方式引导读者走入数据新闻的大门，使其学会数据新闻工具的应用，最终能够挖掘数据、发现规律，并用图表讲述故事。

本书各章节由多位同学完成资料搜集和初稿撰写的工作，具体如下：

第一章　数据搜集方法——自主编程　纪玮晨

第二章　数据搜集方法——工具运用　柳宇成

第三章　数据清洗工具　王宇恒

第四章　数据呈现方法　李佳艺

第五章　数据呈现工具　丛颖

书稿整体的调整、统稿和审校等工作由陈晓晗和汪惠怡协助，共同编著完成。

数据新闻还是新闻报道队伍中的一支新生力量，数据新闻报道的软件和工具也还在不断开发与推陈出新之中。因此，本书中所列软件和工具应用不一定能覆盖数据新闻生产制作的全部，我们期望以自己的实践、实战经历给出最为普遍、最为实用的工具应用。

目 录

CHAPTER

第一章 数据搜集方法——自主编程

当前，互联网中存在各种形态的、体量巨大的数据资源，仅凭搜索引擎往往难以准确查找所需的目标数据。在此情形下，“网络爬虫”这种定向搜集数据的方法渐渐受到了重视。

网络爬虫又称“网络蜘蛛”“网络机器人”，指按照一定规则自动抓取万维网信息的程序或脚本。

目前，我们常使用的“网络爬虫”方法主要包括编程语言爬虫和工具爬虫两种。编程语言爬虫，指通过自主编写Python、Node.js、R等计算机编程语言代码的方式进行爬虫；工具爬虫，指利用各类已集成好的软件、应用程序、在线网站等进行爬虫操作。

本章将讲解编程语言爬虫的基本知识，并解析相关操作案例。

第一节 网络爬虫“多面手”——Python

一、介绍

Python语言诞生于20世纪90年代，目前该语言已经成为大众耳熟能详且颇受欢迎的计算机编程语言。2017年10月，GitHub公布的年度开发者报告显示 Python 超越 Java 成为第二受欢迎语言。①

Python是一种灵活轻便的脚本语言，具有代码简洁、开发效率高等优点，常

① 2017年GitHub年度报告［EB/OL］.（2017-10-10）［2021-07-21］. https：//octoverse.github.com/2017/.

用于网站开发与搭建，YouTube、Instagram和豆瓣等网站都是利用Python进行开发的。①

同时，丰富的网络抓取模块、灵活的配置与字符方式，让Python被广泛应用于爬虫领域，成为使用最广泛的爬虫语言之一。

二、优点

（1）语法简洁易懂。Python代码简洁且体系成熟，用其撰写爬虫程序所需的时间较短，从工程量上对用户来说比较友好。

（2）生态丰富。Python拥有众多插件库，比如Request、BeautifulSoup、Scrapy、PySpider等。这些插件库功能丰富，让用户得以顺利适应各种爬虫应用场景。

（3）多线程、进程模型成熟稳定。爬虫是一个典型的多任务处理场景，请求页面时会有较长的延迟，多线程、多进程则可以优化程序效率，提升整个系统的下载和分析能力。

当然，Python爬虫也有一些不完善之处，比如对不规范HTML的适应能力差等。

三、使用范围

Python适合涉及大规模的网站爬取的爬虫工作。利用爬虫进行大规模数据爬取涉及诸多问题，比如多线程并发、分布式爬取和判重机制，而Python对以上问题都有较好的支持。

四、注意事项

（1）对于一些拒绝爬虫的网站，需要采用与对方协商的方式，获得爬取数据的许可。在许可范围内通过修改http包中的header部分来模拟浏览器的工作，完成数据爬取工作。

（2）单线程爬虫不能满足效率需要的时候，可以使用多线程并发抓取。

（3）有时从页面中获取的链接是一个相对链接，不是完整的链接，这种情况下

---

① 方洁. 数据新闻概论［M］. 2版. 北京：中国人民大学出版社，2019：90.

需要将其与URL其余部分进行拼接。

(4) 适度使用代理IP。使用爬虫有可能导致用户自身IP被封，这时可以使用代理IP，例如，运用Python第三方库urllib2包中的ProxyHandler类，设置代理访问网页。

在使用任何编程语言或工具进行爬虫时，都需要记住：

第一，目的合理，用之为善。切勿恶意爬取他人的私密数据，避免侵犯隐私权等。

第二，爬虫会给目标网站造成压力，因而不能过于频繁地运行代码。

五、案例实践

利用前述知识进行一次简单的Python爬虫搭建，项目目标是获取"微博热搜榜"中的前50条热搜的关键词，并将结果打印到控制台中。

总体来说，数据采集爬虫的实现过程包括如下步骤：

第一，确定数据所在的URL(网页地址)；

第二，执行网页请求，解决请求中出现的问题；

第三，解析网页，获取格式化数据；

第四，存储数据(当前案例中不需要)。

下面将按照以上步骤，完成整个案例操作。

(一) 步骤一：确定数据所在URL

网页上一般有两种数据：页面上直接可获取的数据和通过Ajax加载的数据，只有前者可以通过URL方式获取。

虽然复制网页地址栏即可确定网页URL地址，但仍需先行判断数据类型。因此：

(1) 在浏览器(建议使用Chrome浏览器)中单击右键，选择"查看网页源代码"。

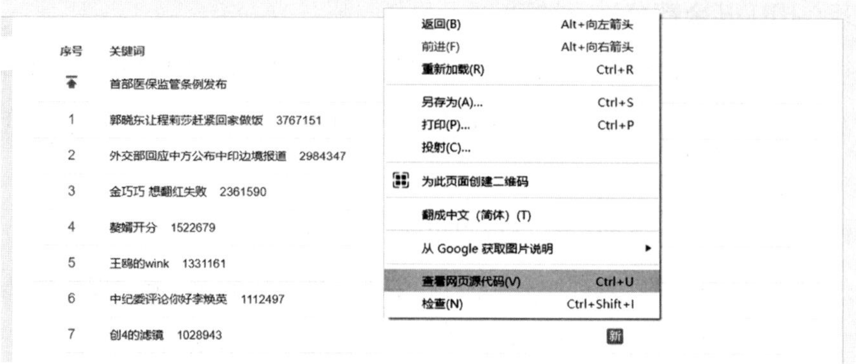

图1-1-1　单击右键，选择“查看网页源代码”

此时浏览器会打开新的页面，在网页中显示的内容即当前网页的源代码。

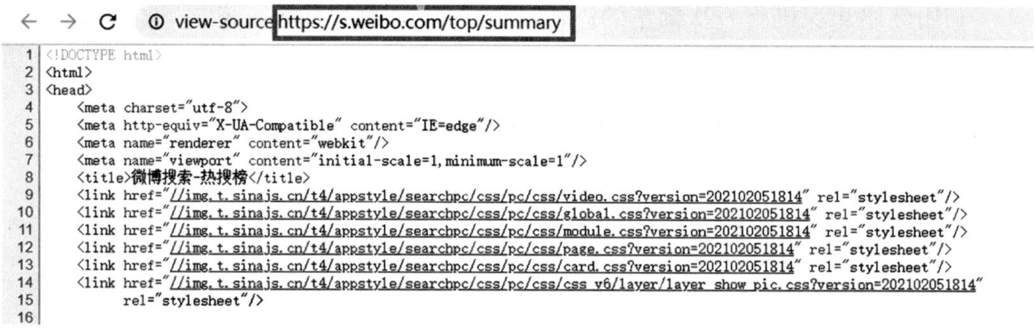

图1-1-2　当前页面的源代码

（2）使用快捷键Ctrl+F打开搜索框，在网页源代码中搜索“热搜榜”页面上显示的文字。例如，热搜榜原文中“外交部回应中方公布中印边境报道”这一条内容，存

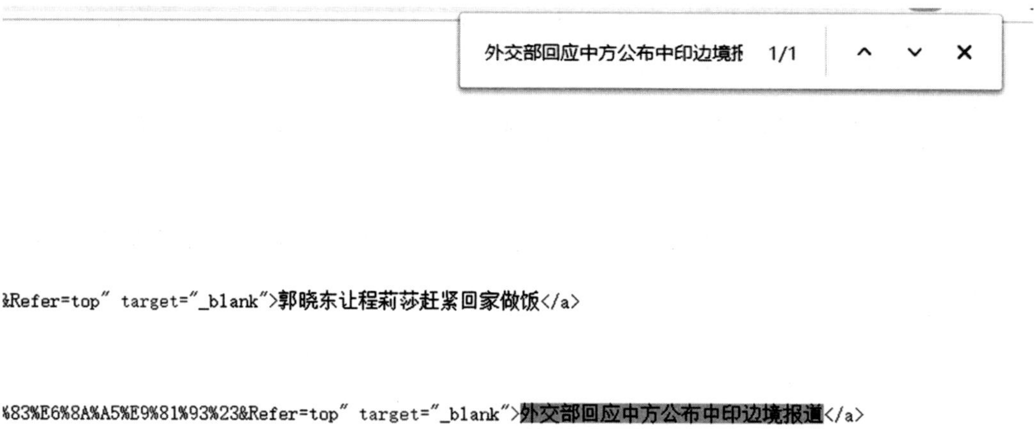

图1-1-3　搜索“热搜榜”页面上的相应文字

在于网页源代码中，这就说明“热搜榜”是通过页面内容直接加载的，即是前述第一种页面上直接可获取的数据，而非通过Ajax加载的数据。因而此时，只要直接请求网页的URL即可获得热搜榜数据。

（3）在网页地址栏复制，可以得到需要获取的URL：https：//s.weibo.com/top/summary。

（二）步骤二：执行网页请求

需要使用Python中的Requests模块执行网页请求，并打印请求的结果，代码如下：

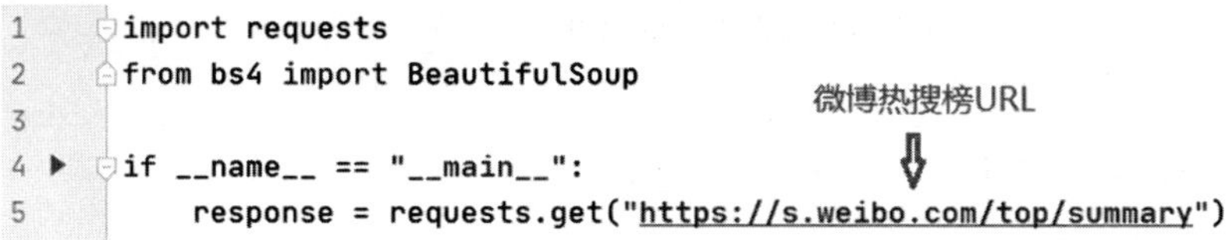

图1-1-4　执行网页请求的代码

如果打印出请求的结果，通过搜索能够再次找到“外交部回应中方公布中印边境报道”这一关键词，说明请求已成功获得了热搜榜数据。

（三）步骤三：网页解析

（1）再次回到浏览器，单击右键，选择“检查”，打开浏览器控制台。

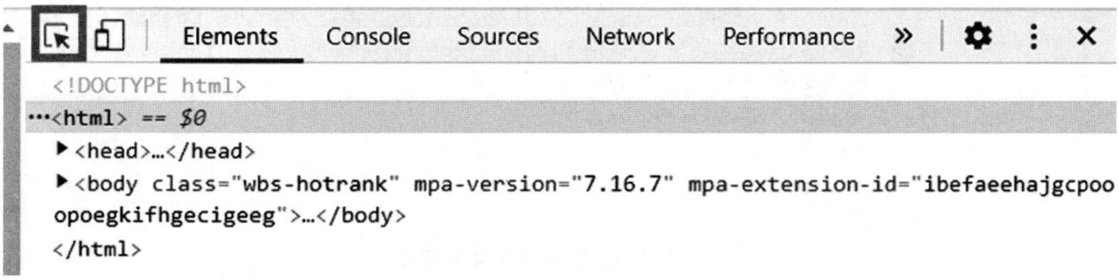

图1-1-5　浏览器控制台界面

（2）选中“元素选取”工具。在元素选取模式下（元素选取工具的鼠标箭头为蓝色），点击需要采集的信息。

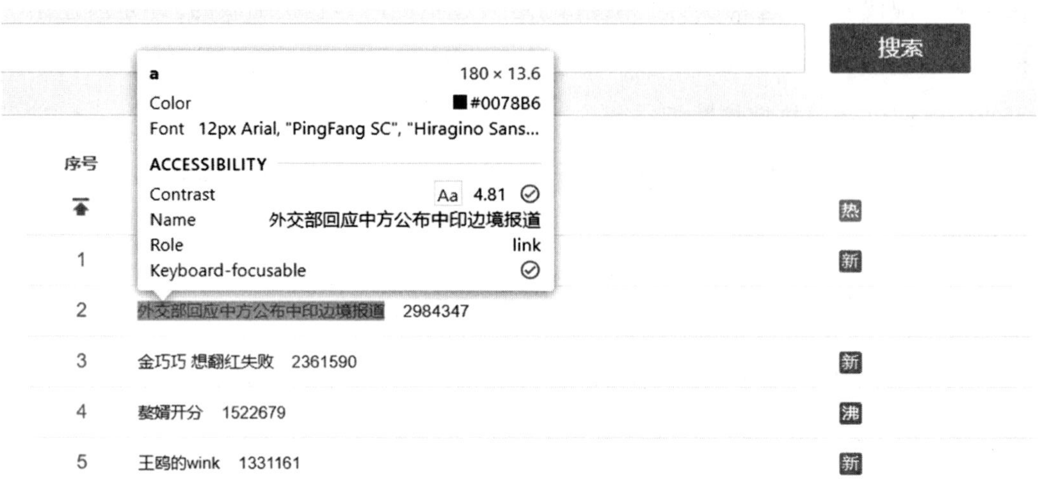

图1-1-6　点击需要采集的信息

此时，浏览器控制台将定位到目标信息所在的标签。

图1-1-7　目标信息所在的标签

（3）在该标签上右键选择“Copy”，再选择“Copy selector”，复制标签的CSS Selector路径——此路径用于定位当前标签。

例如，第二条热搜关键词所在标签的CSS Selector为：

```
#pl_top_realtimehot>table>tbody>tr:nth-child(3)>td.td-02>a
```

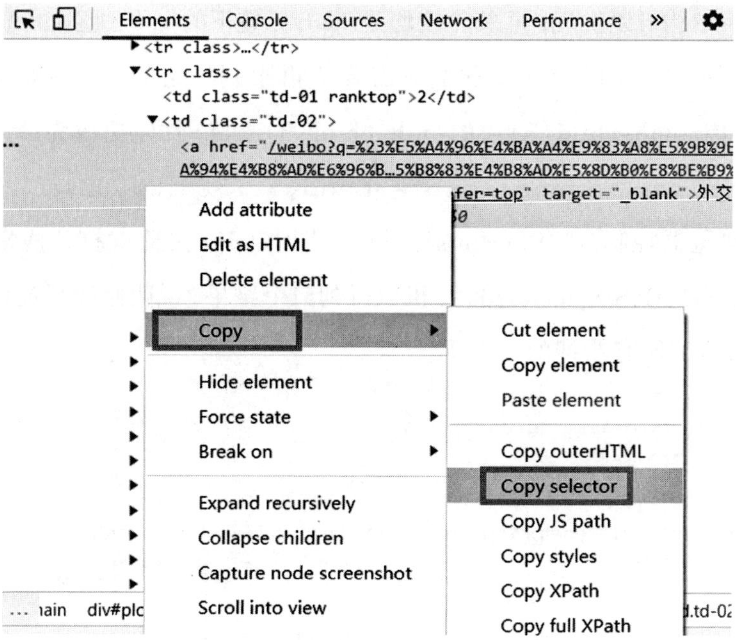

图1-1-8　定位目标信息所在的标签

其中，#pl_top_realtimehot表示ID为pl_top_realtimehot的标签，即图1-1-9中第三行的div标签；> table表示当前标签下一层的table标签，即图1-1-9中第四行的table标签；tr: nth-child(3)表示当前标签下的第三个tr标签，即图1-1-9中框出的tr标签。

图1-1-9　目标信息所在的各个层级标签

观察网络结构可以发现，每条热搜均是tbody标签下的一个独立的tr标签；因此，要同时获取不同热搜的关键词，我们只需要不再限制指定的tr标签即可，即将CSS Selector路径中tr: nth-child（3）中的: nth-child（3）删除即可，更改为：

#pl_top_realtimehot>table>tbody>tr>td.td-02>a

（4）在浏览器控制台的Elements标签中，使用Ctrl+F快捷键打开搜索框，在搜索框中搜索修改后的CSS Selector路径，可以得到51个结果，说明修改后的CSS Selector已经可以同时匹配所有热搜的关键词。

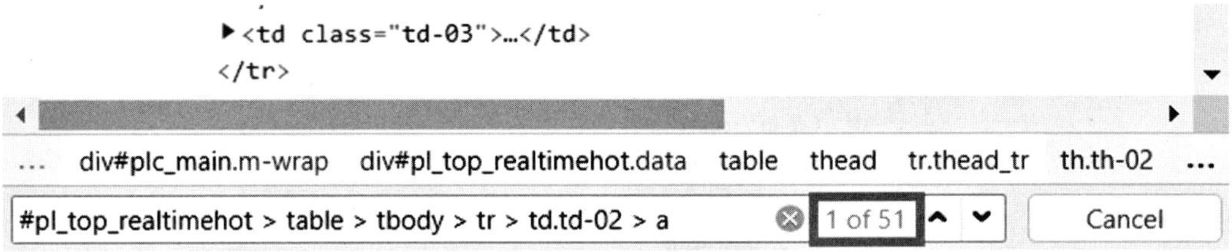

图1-1-10 成功匹配所有热搜关键词

（5）需要使用Python的第三方模块——BeautifulSoup模块实现解析。

在使用第三方模块前，首先需要利用pip对该模块进行安装。

pip 是 Python 包管理工具，提供对Python包的查找、下载、安装、卸载的功能。最新版的Python已经自带工具。

具体安装方法为：在电脑中搜索"命令提示符"并打开，进入DOS界面，打开Python后，输入pip install BeautifulSoup4，即可成功。

安装成功后，即可利用BeautifulSoup实现网页解析，包含请求的代码如图1-1-11所示。

```python
import requests
from bs4 import BeautifulSoup

if __name__ == "__main__":
    response = requests.get("https://s.weibo.com/top/summary")
    bs = BeautifulSoup(response.content.decode(),"lxml")
    for i in bs.select("#pl_top_realtimehot > table > tbody > tr > td.td-02 > a"):
        print(i.text)
```

图1-1-11 利用BeautifulSoup实现解析的代码

至此，整个程序运行结果已经可以将热搜榜中的数据打印到控制台中，实现了当前需求，案例顺利完成。

六、学习网站

上述案例教学依托于一定的Python语法知识。如果暂时感到难以理解，可以利用下方学习资源夯实基础，以便更好地理解案例，进阶学习Python爬虫技能。

（1）Python3官方教程：http：//www.Pythondoc.com/Pythontutorial3/index.html。

（2）菜鸟教程：https：//www.runoob.com/Python/Python-tutorial.html。

此网站相当于Python语法“字典”，讲解的内容丰富详实。

（3）廖雪峰的官方网站：https：//www.liaoxuefeng.com/wiki/1016959663602400。

此网站中Python相关重点知识讲解较为细致。

（4）W3Cschool教程：https：//www.w3cschool.cn/Python3/Python3-tutorial.html。

（5）猿人学Python：https：//www.yuanrenxue.com/Python。

此网站除讲述Python语言的基础教程之外，还提供了利用Python进行爬虫的针对性教程。

第二节　简单高效“小爬虫”——Node.js

一、介绍

JavaScript语言是当下互联网最为流行的脚本语言，被广泛应用于Web应用开发，常用来为网页添加各式各样的动态功能，数据新闻网页制作也从来不缺少它的身影。Node.js则是一个基于Chrome V8引擎的JavaScript运行环境，通俗来说，就是运行在服务端上的JavaScript，能够被应用于网络爬虫。[①]

二、优点

（1）语言适用性广。Node.js的驱动语言就是JavaScript，其更容易接入PhantomJS、CasperJS等，完成针对动态加载内容的更为自动化的爬取工作。

（2）Node.js自带异步架构，对于垂直网站的爬取具有较好的支持，但对于分布

① Node. js菜鸟教程［EB/OL］.［2021-07-21］. https：//www. runoob. com/nodejs/nodejs-tutorial. html.

式爬取的支持较弱，大规模爬虫项目的使用难度较高。[①]

三、使用范围

（1）Node.js的驱动语言就是JavaScript，对许多网页拥有与生俱来的“适配性”。

（2）Node.js采取单线程异步方式并发爬取页面时，一个页面出现未返回的情况并不会阻塞后面页面的加载。与只有通过多线程才能完成这一功能的Python相比，Node.js更加方便高效。

四、注意事项

有时候直接使用 cheerio.load处理的网页内容，写入文件后发现是编码后的文字，可以通过以下代码来禁止编码：[②]

```
const$=cheerio.load(buf,{decodeEntities: false});
```

五、案例实践

为方便与Python爬虫进行比较，使用Node.js爬虫选择抓取“微博热搜榜”中的前50条热搜关键词。

（一）准备工作

（1）正式开始爬虫之前，需要建立工程，可以理解为在自己的电脑里创建一个“爬虫小基地”。例如，在D盘创建一个名为Node_crawler的文件夹，接着进入DOS界面。

接下来，需要完成以下两个操作：

第一，在DOS界面下进入想要创建项目的路径，即本案例中D盘的Node_crawler文件夹。首先输入“d:”，回车后再输入“cd Node_crawler”。

第二，进入文件夹后，输入“npm init”初始化工程。此时系统会要求填写一些基本信息，可根据情况填写或持续点击回车键跳过。

---

① 郑林峰. 爬虫还在用Python？我与Node. js不得不说的故事[EB/OL].（2017-06-11）[2021-07-21]. https: //mp. weixin. qq. com/s/nxTBXbWZqt3uZ1oqEN0pzA.

② nodeJs爬虫的技术点总结[EB/OL].（2018-05-13）[2021-07-21]. https: //www. jb51. net/article/140016. htm.

完成以上步骤之后，“爬虫小基地”里会出现一个名为package.json的文件，里面包含了项目的基本信息。

正式开始爬虫前，需要调用一些与爬虫相关的第三方包，这一点与Python是类似的。

本案例将用到三个包：https、fs和cheerio。前两者为内置包，无须安装，仅需安装cheerio包。安装步骤与第一节中所讲方式类似，在DOS中进入Node_crawler文件夹，输入“npm install cheerio”即可完成安装。

（2）完成前述准备工作后，在Node_crawler文件夹中新建一个index.js文件以撰写代码。

首先，调用刚刚安装的三个包，代码如图1-2-1所示。

```
var https = require('https');
var cheerio = require('cheerio');
var fs = require('fs');
```

图1-2-1　调用三个包的代码

接下来，正式进入爬虫环节，具体流程与Python大致相同：

第一，确定数据所在的URL；

第二，使用http协议获取网页数据；

第三，解析网页，获取格式化数据；

第四，存储数据。

（二）步骤一：确定数据所在的URL

Python爬虫案例已经得出结论：微博热搜榜是直接加载在页面中，而不是通过Ajax加载的，因而只需要直接请求网页的URL即可获得热搜榜数据。

微博热搜榜网页URL：https：//s.weibo.com/top/summary。

（三）步骤二：使用http协议获取网页数据

调用https模块的目的是发送get请求来获取网页的所有数据，代码如图1-2-2所示。

```
https.get('https://s.weibo.com/top/summary', function(res) {
    var html = '';

    res.on('data', function(chunk) {
        html += chunk;
    })

    res.on('end', function() {
        console.log(html);
    })
})
```

图1-2-2　获取网页数据的代码

值得注意的是，当发送get请求时，数据是分段获得的。因此，需要有一个“拼接”数据的过程，即图1-2-3所示这段代码，表示有数据产生的时候将进行拼接。

```
res.on('data', function(chunk) {
    html += chunk;
})
```

图1-2-3　拼接数据的代码

拼接完成后，可以输出获得的数据，查看是否完整。

```
res.on('end', function() {
    console.log(html);
})
```

图1-2-4　输出数据的代码

（四）步骤三：使用cheerio模块解析需要的内容

获取全部网页数据后，需要精准找到目标数据。

在Node.js中可以使用cheerio模块来实现这一点。整体代码如图1-2-5所示。

```
var $ = cheerio.load(html);
var allData = [];

$('#pl_top_realtimehot > table > tbody > tr').each(function() {
    const title = $('td.td-02 > a', this).text();
    allData.push({
        title
    })
})
```

图1-2-5　利用cheerio模块找到目标数据的代码

这一部分代码中，首先要沿用jQuery风格，定义“$”。jQuery是一个JavaScript库，极大简化了JavaScript编程，通过 jQuery可以选取HTML元素并对它们执行操作，而“$”便是定义了jQuery。

此外，还需要设置一个空数组用来存放爬取到的数据。

```
var $ = cheerio.load(html);
var allData = [];
```

图1-2-6 定义jQuery并设置空数组的代码

在Python爬虫部分，我们已经具体分析过，第二条热搜关键词所在标签的CSS Selector为：

```
#pl_top_realtimehot>table>tbody>tr: nth-child(3)>td.td-02>a
```

```
▼<div class="m-wrap" id="plc_main">
  ▶<div class="menu">…</div>
  ▼<div class="data" id="pl_top_realtimehot">
    ▼<table>
      ▶<thead>…</thead>
      ▼<tbody>
        ▶<tr class>…</tr>
        ▶<tr class>…</tr>
        ▼<tr class>
            <td class="td-01 ranktop">2</td>
          ▼<td class="td-02">
...           <a href="/weibo?q=%23%E5%A4%96%E4%BA%A4%E9%83%A8%E5%9B%9E%E5%BA%94%E4%B8%AD%E6%96%B…5%B8%83%E4%B8%AD%E5%8D%B0%E8%BE%B9%E5%A2%83%E6%8A%A5%E9%81%93%23&Refer=top" target="_blank">外交部回应中方公布中印边境报道</a> == $0
```

图1-2-7 目标数据的标签

每一条热搜关键词都在一个<tr>标签里，因而可以先定位到<tr>标签：

```
#pl_top_realtimehot>table>tbody>tr
```

再依次抓取每一个<tr>里面的目标数据：

```
td.td-02>a
```

之后将抓取的热搜关键词存放到数组里即能实现需求。

```
$('#pl_top_realtimehot > table > tbody > tr').each(function() {
    const title = $('td.td-02 > a', this).text();
    allData.push({
        title
    })
})
```

图1-2-8　根据标签将热搜关键词放入数组的代码

最后，还可以将得到的数组写入JSON文件。

```
fs.writeFile('./data.json', JSON.stringify(allData), function(err) {
    if (!err) {
        console.log('文件写入完毕');
    }
})
```

图1-2-9　将数组写入JSON文件的代码

整体代码如图1-2-10所示。

```
var https = require('https');
var cheerio = require('cheerio');
var fs = require('fs');

https.get('https://s.weibo.com/top/summary', function(res) {
    var html = '';

    res.on('data', function(chunk) {
        html += chunk;
    })

    res.on('end', function() {
        console.log(html);

        var $ = cheerio.load(html);
        var allData = [];

        $('#pl_top_realtimehot > table > tbody > tr').each(function() {
            const title = $('td.td-02 > a', this).text();
            allData.push({
                title
            })
        })

        fs.writeFile('./data.json', JSON.stringify(allData), function(err) {
            if (!err) {
                console.log('文件写入完毕');
            }
        })
    })
})
```

图1-2-10　整体代码

写完代码之后，再次进入DOS界面并且进入位于D盘的Node_crawler文件夹，输入"node index.js"，即可运行。运行完成后，在Node_crawler文件夹中将出现名为data.json的文件，爬取的数据便被储存在里面了。

六、学习网站

上述内容涉及JavaScript语法，如果对部分代码感到困惑，可以在以下网站中快速学习JavaScript基本语法：

（1）JavaScript.com：https：//www.javascript.com/。

这是一个JavaScript免费学习网站，开发者搜集了优质的免费学习资源，并创建了JavaScript课程来帮助开发新手快速入门。

（2）W3school教程：https：//www.w3school.com.cn/js/index.asp。

此网站为初学者提供了JavaScript语言基础和进阶的教程。

（3）MDN：https：//developer.mozilla.org/zh-CN/docs/Learn/JavaScript。

此网站为初学者提供了JavaScript指南，其教程包括入门、中级和高级三个层次。

熟悉JavaScript基础语法后，便可以参阅Node.js教程：

（1）菜鸟教程：https：//www.runoob.com/nodejs/nodejs-tutorial.html。

（2）廖雪峰的官方网站：https：//www.liaoxuefeng.com/wiki/1022910821149312/1023025235359040。

第三节　代码简洁易上手——R语言

一、介绍

R语言是一个开源的数据统计分析和图形处理的环境，其中集成了多种数据统计模型（如线性和非线性建模、经典统计测试、时间序列分析、分类与聚类等），[①]主要用于统计分析、绘图、数据挖掘和抓取网络数据。

① R官方网站-About R［EB/OL］.［2021-07-21］. https：//www. r-project. org/about. html.

二、优点

（1）与Python相比，R语言相对更直观，规则更加灵活。

（2）R语言可处理多种类型的网页，且代码简洁。借助rvest、RCurl和httr包，R语言能够抓取静态和动态两种网页数据，尤其是使用rvest包抓取静态网页数据时，代码比较简洁。例如，爬取“微博热搜榜”时，R语言只需要图1-3-1所示的四行代码。

```
library("rvest")
url = "https://s.weibo.com/top/summary"
result = url%>%read_html()%>%html_nodes("tbody tr a")%>%html_text()
print(result)
```

图1-3-1　R语言爬取“微博热搜榜”的代码

（3）虽然R语言用户需要有一定的基础，可一旦掌握，在特定语言包、场景、库RStudio中使用就会更加方便，如制作可视化等。

三、使用范围

R语言常用于处理数据量小于百万级的爬虫任务。同时，R语言是免费的开源软件，在进行学术研究时，不必担心版权问题。

四、注意事项

使用rvest包的时候，html_nodes函数可以使用CSS选择器和Xpath两种方式选择节点。大部分情况下，CSS选择器方便快捷，但是在解决复杂问题的时候，只能使用Xpath进行设置寻找。此外，CSS和Xpath虽然可以混用，但是Xpath一定要在CSS之前使用，因为Xpath能够得到一系列的节点及其相互关系，而CSS则直接给出一些节点，无法进一步进行更多的操作。①

五、实践案例

为方便与Python爬虫、Node.js爬虫进行比较，下面将详细解读如上所述用四行

① R语言网络爬虫经验[EB/OL].（2019-02-18）[2021-05-30].http: //blog.csdn.net/kMD8d5R/article/details/87658915.

代码获得“微博热搜榜”数据的操作步骤。

（一）准备工作

1.下载R语言环境安装包

初次使用R，需要从R官方网站（https://www.r-project.org）下载R语言环境的安装包。在此推荐下载RStudio集成开发环境（https://rstudio.com/products/rstudio/download/），即免费版“RStudio Desktop”。

下载完成之后，打开RStudio，在命令行输入install.packages（“rvest”）来安装爬虫所需包。

如前所述，rvest主要用来抓取静态网页数据。“微博热搜词条”具有静态数据属性，因此rvest一个包便能完成整个爬虫操作。

2.载入rvest包

代码为：library（“rvest”）。

```
library("rvest")
```

图1-3-2 载入rvest包的代码

此案例中，我们会用到rvest包的几个函数：

read_html()：下载并解析网页；

html_nodes()：定位并获取节点信息；

html_text()：提取节点文本信息。

一切准备就绪后，即可正式开始爬虫。

（二）步骤一：确定数据所在URL

定义URL变量，此处列出两种写法（见图1-3-3）：

```
url = "https://s.weibo.com/top/summary"
url <- "https://s.weibo.com/top/summary"
```

图1-3-3 定义URL变量的代码

（三）步骤二：下载并解析网页

使用read_html( )函数来获取网页数据，此处列出两种写法（见图1-3-4）。

```
web = read_html(url)
web = url%>%read_html()
```

图1-3-4 两种使用read_html () 函数来获取网页数据的代码

第一种写法跟Python语法类似；而第二种写法使用了管道函数，“%>%”符号的作用是将前一步的结果直接传递给下一个函数，省略了中间的赋值步骤。

两种写法效果一致，目前来看，第一种写法更为简洁。

（四）步骤三：定位并获取节点信息

此前已经分析过，热搜关键词所在标签的CSS Selector为：

#pl_top_realtimehot>table>tbody>tr>td.td-02>a

当使用html_nodes( )函数定位时，可以使用CSS选择器表达式和XPath表达式，在这里我们选择较为直观的CSS表达式去定位，只需输入“tbody tr a”就可以精准定位每一个词条。接下来，再使用html_text( )函数提取文本即可完成爬虫。

此处列举两种写法，并且加上此前解析部分的代码（见图1-3-5）。

```
web = read_html(url)
infor = html_nodes(web,"tbody tr a")
result = html_text(infor)
print(result)

result = url%>%read_html()%>%html_nodes("tbody tr a")%>%html_text()
print(result)
```

图1-3-5 两种获取节点信息的代码

现在再看，可以发现第二种写法的简洁之处：使用管道操作，能够大大减少代码量并且节省内存。

在这种写法下，我们使用R语言爬虫的全部代码如图1-3-6所示。

```
library("rvest")
url = "https://s.weibo.com/top/summary"
result = url%>%read_html()%>%html_nodes("tbody tr a")%>%html_text()
print(result)
```

图1-3-6 全部代码

六、学习网站

（1）W3Cschool：https：//www.w3cschool.cn/r/。

（2）菜鸟教程：https：//www.runoob.com/r/r-tutorial.html。

（3）R-bloggers：https：//www.r-bloggers.com/。

第二章 数据搜集方法——工具运用

CHAPTER 2

随着大数据时代的到来，各行各业对于数据的需求量日益加大。然而，自主编程的数据搜集方法让无代码基础的用户难以操作。那么，是否有对无代码基础者较为友好的数据采集工具呢？

工具化的爬虫应用——“数据采集器”的出现降低了数据采集的技术门槛。数据采集器提供了可视化的操作界面，并兼有操作提示，使用时无须或仅需少量的代码知识，即使第一次尝试数据抓取的操作者也能轻松简单地进行采集工作。

本章将对目前较为常用的几种数据采集器进行功能介绍和操作指导，同时会提供优质数据统计网站地址，以供参考使用。

第一节 海量模板直接使用——八爪鱼

一、介绍

八爪鱼大数据采集平台整合了网页数据采集、移动互联网数据及API接口服务（包括数据爬虫、数据优化、数据挖掘、数据存储、数据备份）等功能，[①]帮助用户在较短的时间内从多种类型的网页中获取大量的规范化数据。

同时，八爪鱼网页数据采集器采用可视化界面，无须编写代码，且内置主流网站采集模板，可以快速满足用户的基础性数据爬取需求。

① R语言网络爬虫经验[EB/OL].(2019-02-18)[2021-05-30]http://blog.csdn.net/kMD8d5R/article/details/87658915.

官方网站：https://www.bazhuayu.com/。

图2-1-1　八爪鱼采集器页面

二、主要功能

八爪鱼采集器主要有两种数据采集模式：模板采集和自定义采集。

（一）模板采集

顾名思义，模板采集是通过八爪鱼官方提供的、配置好的采集模板来进行数据的采集。目前，八爪鱼内已有数百个网站的采集模板，涵盖主流网站的采集场景。

在使用模板采集数据时，输入简单的几个参数（网址、关键词、页数等）后，即可在短时间内

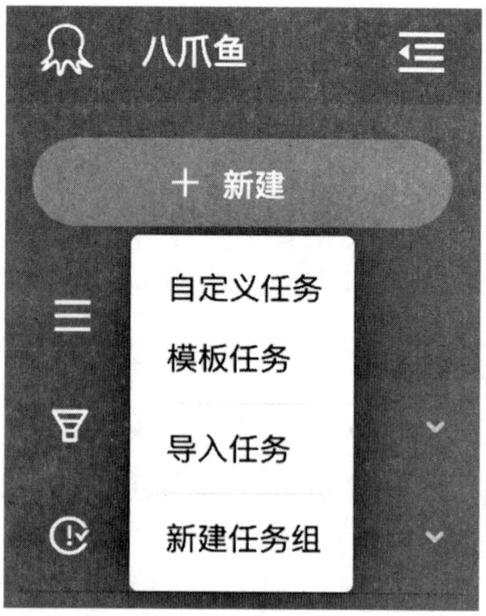

图2-1-2　八爪鱼采集器新建任务栏

快速获取目标网站数据。

（二）自定义采集

自定义采集模式适用于所有网站，用户可以根据自己的需求进行配置。

在自定义采集模式中，有两种数据采集模式：智能识别和手动配置采集流程。

在智能识别功能中，用户输入网址之后，采集器即可识别出网页中能够被采集的数据，并智能推荐出最常被采集数据。

手动配置采集流程则更加灵活，可以配置各种采集场景，包括翻页、滚动、登录和异步交互网页操作等等。

三、案例实践

下面通过案例演示模板采集和自定义采集的操作步骤。

（一）模板采集——以“国家卫健委-疫情防控动态”为例

1.步骤一：新建任务，选择“模板任务”

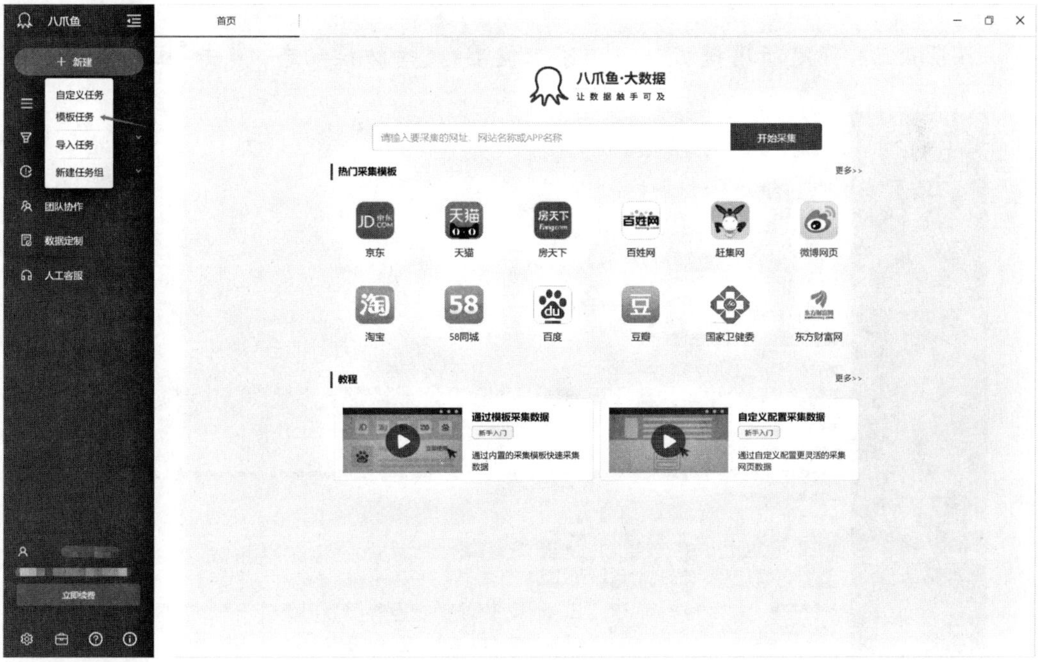

图2-1-3　模板任务创建位置

2.步骤二：选择目标采集网站的模版

图2-1-4 模板选择页

3.步骤三：确定所用模板——国家卫健委-疫情防控动态，点击“立即使用”

图2-1-5 模板详情页

4.步骤四：输入采集模板所对应的采集网址，注意填写翻页次数

图2-1-6　模板配置页

翻页次数指在进行数据采集时，需要所采集网址翻页的次数。例如，图2-1-7为“国家卫健委官方网站新型冠状病毒肺炎疫情防控动态”的网页，在采集防控动态的标题时，若想跨页采集，只需在这一步设置翻页次数。

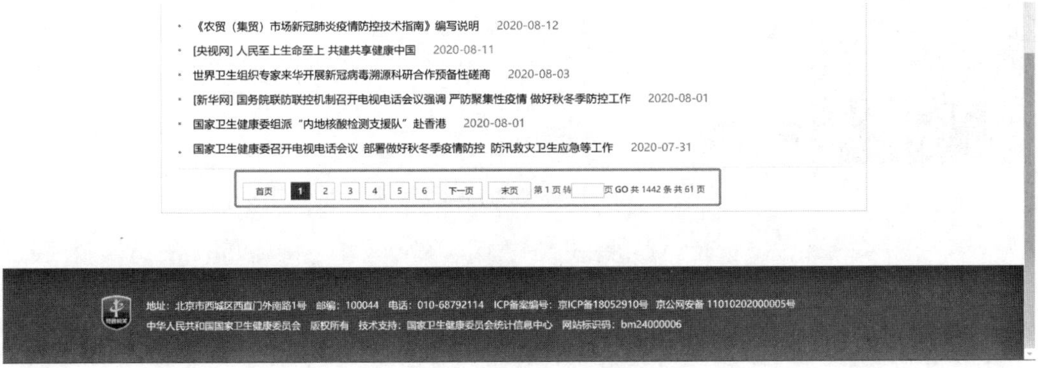

图2-1-7　翻页示意图

5.步骤五：点击“保存并启动”

此时可以看到三种采集方式：

一是本地采集，即立即在本地计算机上启动采集；

二是云采集，即通过八爪鱼云采集群启动采集，云采集群7×24小时不间断工作，随时可以进行抓取，并且在此期间用户可以关闭软件或计算机；

三是定时云采集，即在云采集基础上定时启动采集任务，任务会根据设置的时间周期性多次运行。本部分演示本地采集。

用户可根据自身需求，选择适用的采集方式。

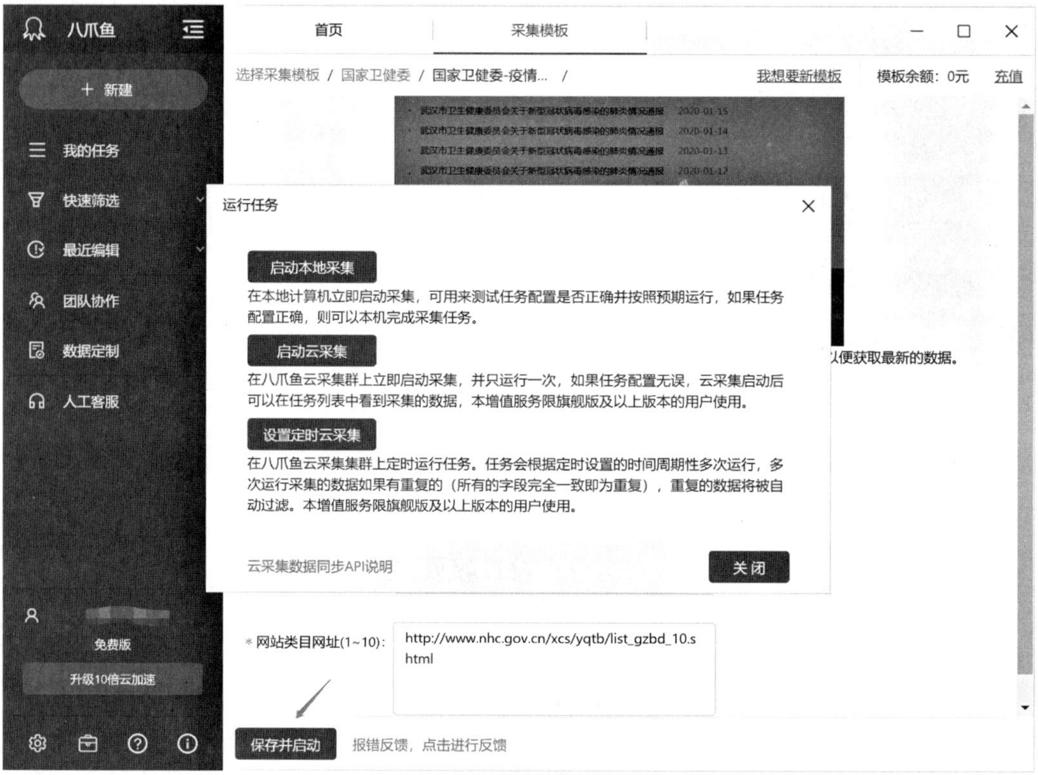

图2-1-8　任务启动页面

6.步骤六：确定采集方式后，八爪鱼采集器即开始进行采集

根据所需采集的数据量的差异，采集过程时间不一，工作页面中会实时更新采集情况。采集器工作完成后，会出现图2-1-9所示页面，如需实时导出所采集到的数据，点击“导出数据”即可。

图2-1-9　数据导出

7.步骤七：选择数据导出的方式，成功获得所需数据

图2-1-10　数据导出配置页面

（二）自定义采集——以豆瓣电影Top250为例

1.步骤一：新建任务，选择“自定义任务”

图2-1-11　自定义采集创建位置

2.步骤二：输入所需采集数据网页的网址

输入网址的方式包括手动输入、从文件导入、从任务导入和批量生成等四种方式，具体如下：

第一，手动输入即手动复制粘贴网址，可以同时输入多个网址，但需要空行处理，同时八爪鱼官方建议输入网址不超过10，000条；

第二，文件导入支持TXT、CSV和xlsx格式的文件；

第三，任务导入允许用户导入已有采集任务中导入的网址；

第四，批量生成功能针对URL仅部分元素不同且不同部分有一定规律的多个网页，进行批量抓取。

图2-1-12　网址输入框

3.步骤三：数据采集

按照以上步骤在网址框内输入豆瓣Top250网页的地址（https：//movie.douban.com/top250）。

网页加载完毕后，采集器会自动进行网页数据的识别。如果想手动选择字段数据，可在此过程中点击“取消识别”或“不再自动识别”（再次打开任何采集网页都不会进行自动识别）。

一个网页可能同时包含多组数据。智能识别完毕后，采集器会自动推荐出最常用的一组数据，若这组数据并非想采集的结果，可以点击“切换识别结果”。

图2-1-13 网页内容自动识别

图2-1-14 识别结果切换

如果自动识别未成功识别出所需数据，采集器会提示如下四个可能影响采集结果的因素，即"登录""关闭弹框""搜索数据""切换标签页"。若存在相应问题，点击进入相应解决页面解决即可。

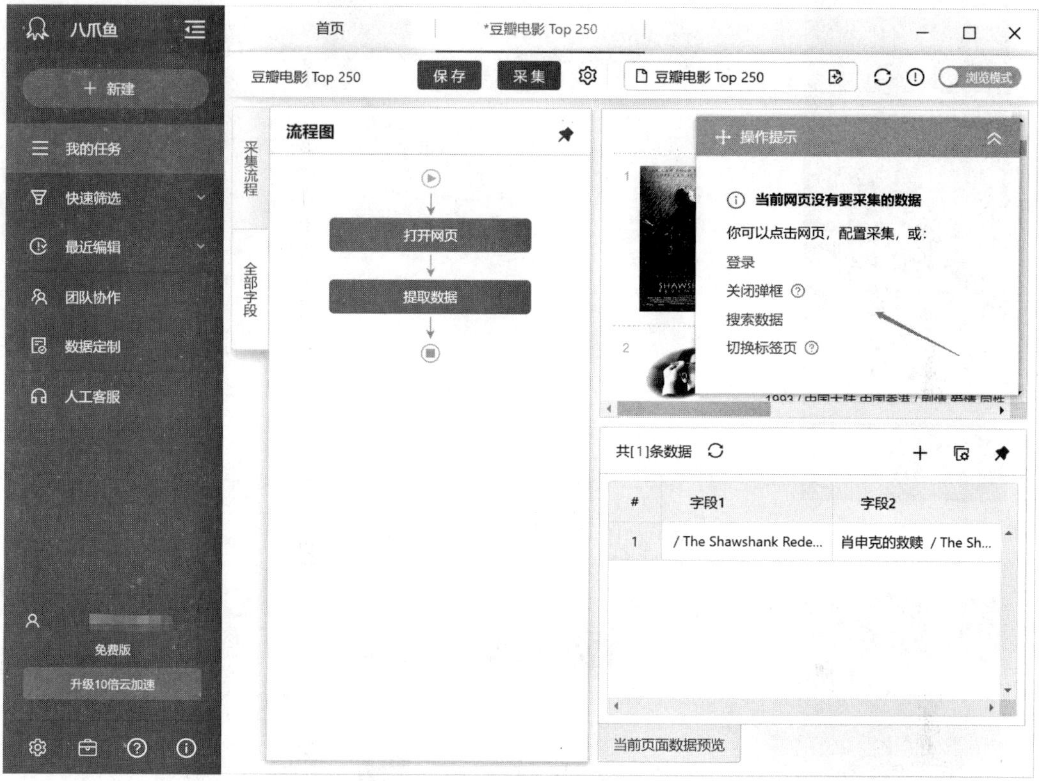

图2-1-15 影响识别结果的四个因素

自动识别无法完成的数据采集任务需要手动配置采集流程。进入手动配置采集模式后，采集器页面上会出现流程图（位于页面左下部分）、网页显示框（位于页面右上部分）和当前页面数据预览（位于页面右下部分）三大板块。

用户需要在网页上点击所要采集的字段、数据，采集器会自动识别出同类元素。若为所需要的结果，仅需按照操作提示进行操作，提取相关数据即可。若不是期望结果，则应该重新进行网页字段的选择，直到提取到相应数据。

图2-1-16 手动采集模式配置页面

图2-1-17 自动识别同类元素

当用户在当前页面采集到所需数据时，可以在采集器中设置翻页、滚动加载等选项，来获取更完整的数据。

图2-1-18　配置更多采集操作

最后，检查右下角采集到的数据无误后，即可对整个任务进行操作。若想保存此次采集任务，以便未来再次进行操作，可以点击“保存”；如果需要采集、导出本次数据，则需点击页面上方的“采集”。

4.步骤四：数据导出

数据导出部分的操作与智能采集模式相同，在此不做赘述。

四、注意事项

（1）所采集的数据必须符合相关法律法规规定。

（2）演示中的部分功能需要付费升级才能使用。

（3）网址输入部分官方建议输入网址不超过10，000条。

图2-1-19　数据采集启动按钮

（4）不同付费版本的采集任务数、同时登录终端数、本地采集任务启动数和本地数据导出上限等功能使用权限不同。

（5）采集器使用顺序建议：首先查找有无对应模板，然后使用自定义采集模式中的智能识别，若上述两种方法都无法采集到所需数据，再使用手动配置流程采集。

第二节　内置爬虫的浏览器——集搜客GooSeeker

一、介绍

集搜客GooSeeker是一款在网页进行语义标注和结构化转换基础上，进行网页信息和数据爬取的采集软件。相较于简单的抓取网页，其可以摘取语义标签，对大数据知识对象进行多维度的整合。[①]

集搜客GooSeeker采用可视化操作界面，基础数据采集工作无须撰写代码，当然在其中利用代码可以进行更丰富的操作。

目前，集搜客GooSeeker同时在进行大数据社区的开发，搭建大数据能力交流平台，让更多人参与到大数据挖掘的工作中。

官方网站：https：//www.gooseeker.com/。

图2-2-1　集搜客GooSeeker官方网站

二、主要功能

集搜客GooSeeker不仅具有数据抓取功能，其官方网站上还有一系列配套服务，例如大数据社区、抓取配置模板共享等。

（一）客户端

集搜客GooSeeker客户端为浏览器布局，被形象地命名为“爬虫浏览器”。与普通浏览器不同的是，其内置MS谋数台（指定抓取内容，定义抓取结果存放结构，自动生成抓取规则）与DS打数台（使用抓取规则，把网页数据抓取下来，存成结构化的XML结果文件）功能，借助这两个功能，用户可以通过可视化的点击在客户端中进行采集任务的配置，在网页中直接启动爬虫，进行信息、数据的采集。

① 集搜客GooSeeker官方网站[EB/OL]．[2021-07-21]．https：//www. gooseeker. com/about/company. html.

（二）官方网站

集搜客GooSeeker官方网站除了提供相应客户端的下载功能外，还配套有一系列的辅助功能。例如，在网站的资源栏里可以下载配置好的任务采集规则、后期相关数据的分析软件等；在大数据论坛里可以发布软件使用过程中的心得、遇到的困难，与其他用户、数据工作者进行交流。

三、案例实践

（一）集搜客GooSeeker客户端——以豆瓣电影Top250排行榜为例

1.步骤一：输入URL

打开客户端，软件会自动加载出集搜客GooSeeker的官方网站页面，在网址栏中输入待采集网页的网址并进行网页加载。

输入豆瓣电影Top250排行榜URL：https：//movie.douban.com/top250。

图2-2-2　URL地址栏

2.步骤二：配置规则

打开网页后，点击浏览器页面上方的“定义规则”，开始进行规则的配置。

图2-2-3 “定义规则”按钮

（1）命名。规则配置的第一步是对采集任务进行命名。

在后续的数据导出步骤中，需要在官方网站上通过命名对应我们建立的每个任务。因此，建议在此处选择与采集内容相关的任务名。

图2-2-4 任务命名设置框

由于集搜客GooSeeker的规则配置可以在论坛中进行分享，所以任务名不可以有重名的情况。

因此，输入任务名后，需要点击“查重”进行任务名查重。若查重结果提示“该名可以使用”（见图2-2-5），则可继续进行下一步操作。

图2-2-5　任务命名成功提示框

（2）建立整理箱。点击工作台中的“创建规则”，在整理箱操作区即可进行创建、删除等操作。

集搜客GooSeeker中的“整理箱”是一个十分形象的命名，可以将其看成采集规则的存储地。第一次对网页进行采集时，必须新建一个整理箱。

（3）选择信息。在网页上双击需要采集的内容，如豆瓣电影排行榜的片名、影片信息和评分。

此时，网页中相应信息会变黄，同时，XPath会定位到相应编号。之后，我们需要在标签框里自定义标签名。配置完成后，在网页中和工作台内都会出现相应的标签信息（见图2-2-7）。

图2-2-6　整理箱创建栏

图2-2-7　自定义标签名

（4）样例复制映射。点击“测试”，会发现采集器只采集到了一部影片的信息。这是因为在页面中未进行“样例复制映射”操作。

图2-2-8　整理箱“测试”按钮

所以，若需采集本网页中所有上榜影片的片名、影片信息和评分，就要进行样例复制映射操作。大致步骤如下：

第一，在XPath路径中找到标签行数。选中的同时，网页相应部分会有红框闪烁。此步骤只需要选中相应部分中包含标签的内容即可。例如，在图2-2-9中，选中片名、影片信息、评分或是包含这些内容的XPath定位都可以。选中后左键点击在标签栏相应行，选择“样例复制映射”→“第一个”。

第二，点击网页内另外一个需采集的内容，找到相应XPath的定位，选中后左键点击在标签栏相应行，选择“样例复制映射”→“第二个”。这步操作的主要目的是让采集器精准地定位到需要采集的内容在网页代码中的位置。

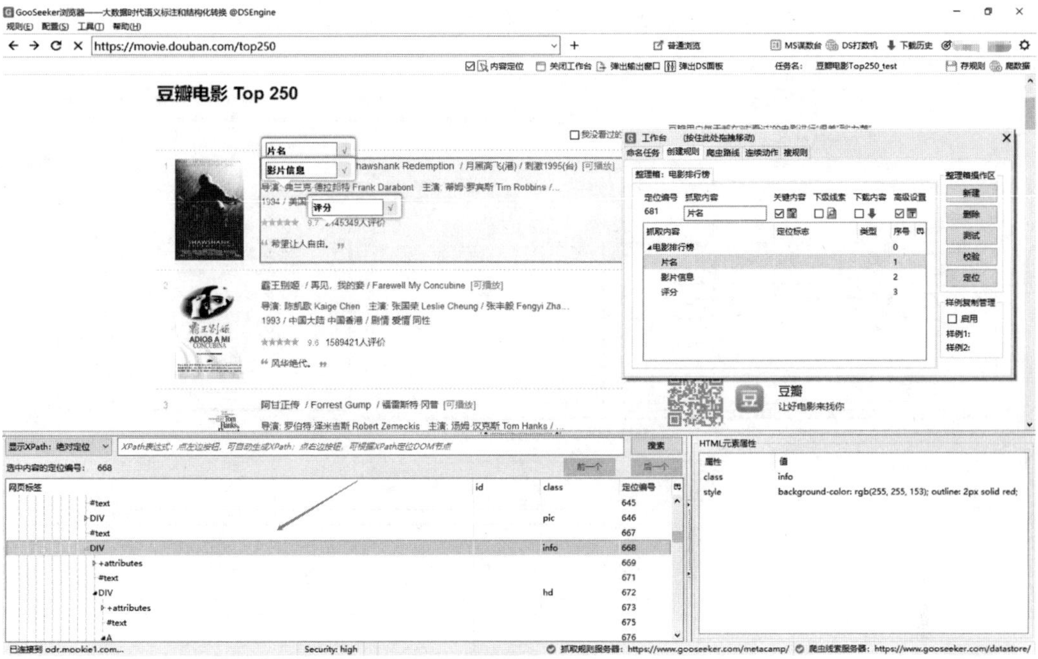

图2-2-9　“样例复制映射”步骤一

图2-2-10　“样例复制映射”步骤二

第三，再次点击“测试”，会发现网页中所有影片的片名、影片信息和评分都已被采集。

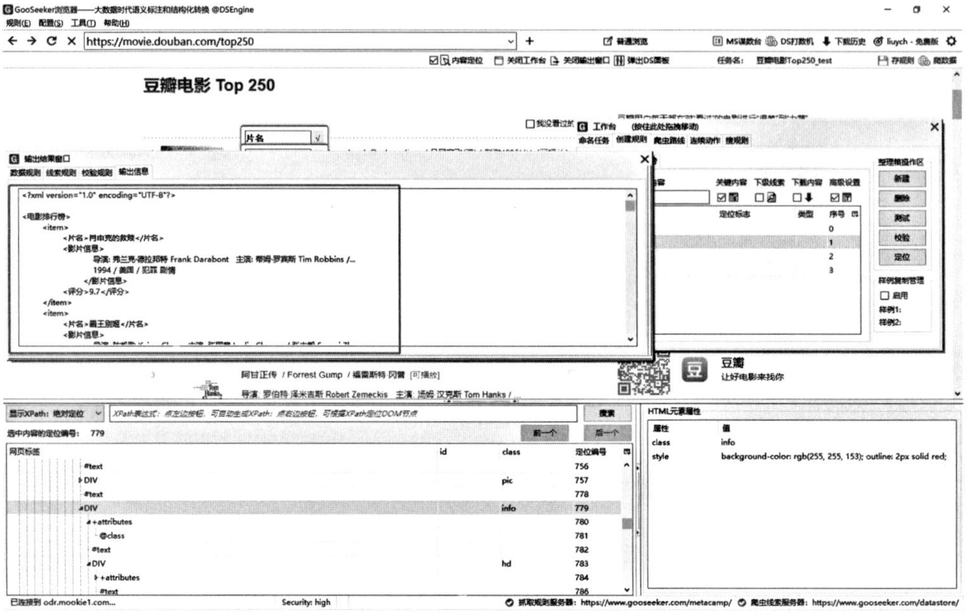

图2-2-11　样例复制映射成功

3.步骤三：开始任务

采集任务的配置已基本完成。接下来，启动DS打数机开始采集任务。

依次点击页面右上角的“存规则”和“爬数据”即可启动。

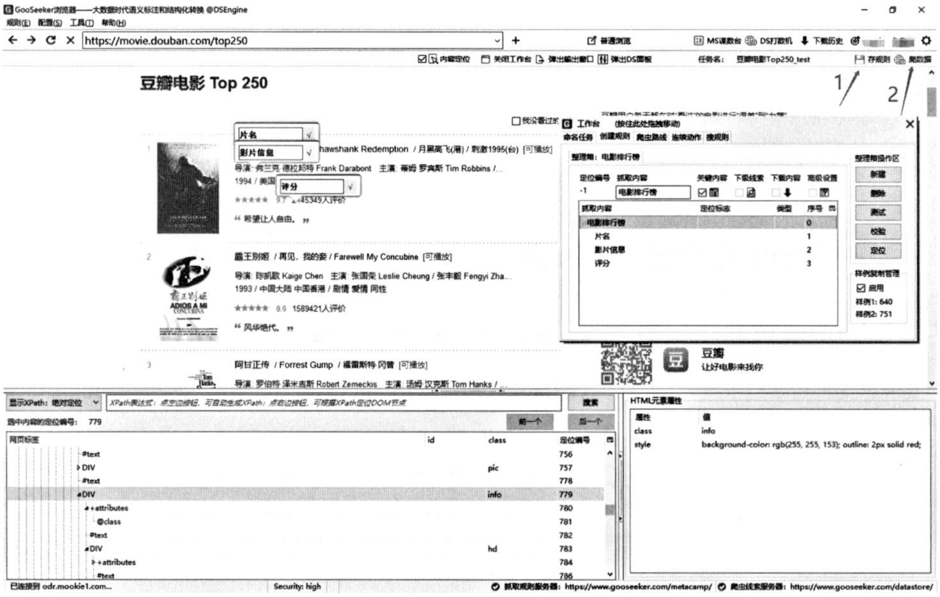

图2-2-12　DS打数机启动步骤

DS打数机会自动进行数据采集工作，并生成XML文件。注意，XML语言是不利于我们进行数据分析工作的，所以后期必须登录集搜客GooSeeker官方网站进行相应的数据导出工作。

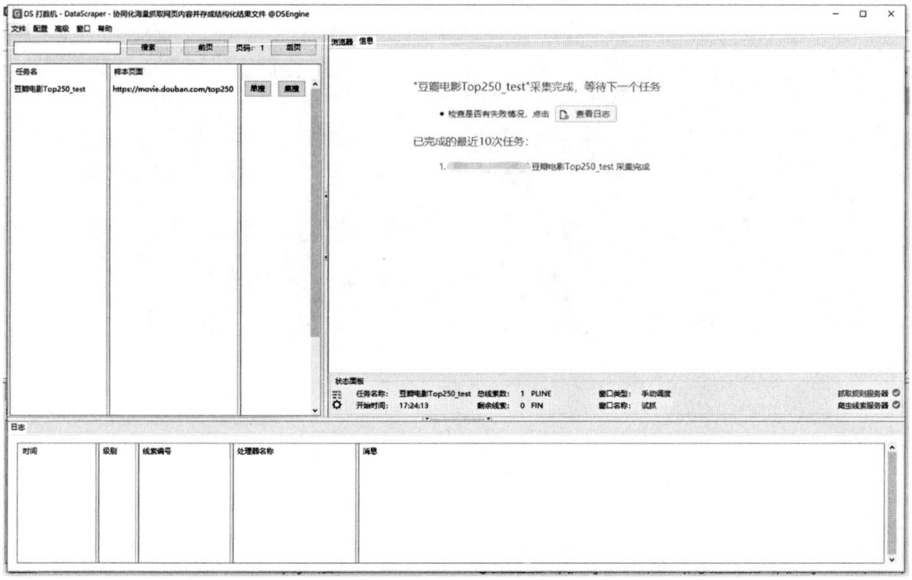

图2-2-13　采集任务完成页面

由于后期需要在GooSeeker官方网站上进行后续操作，这一步需要对DS打数机生成的XML文件存储路径进行设置，一般软件会在软件子目录下新建一个文件夹，用户也可以点击“文件”→“存储路径”进行个性化设置。

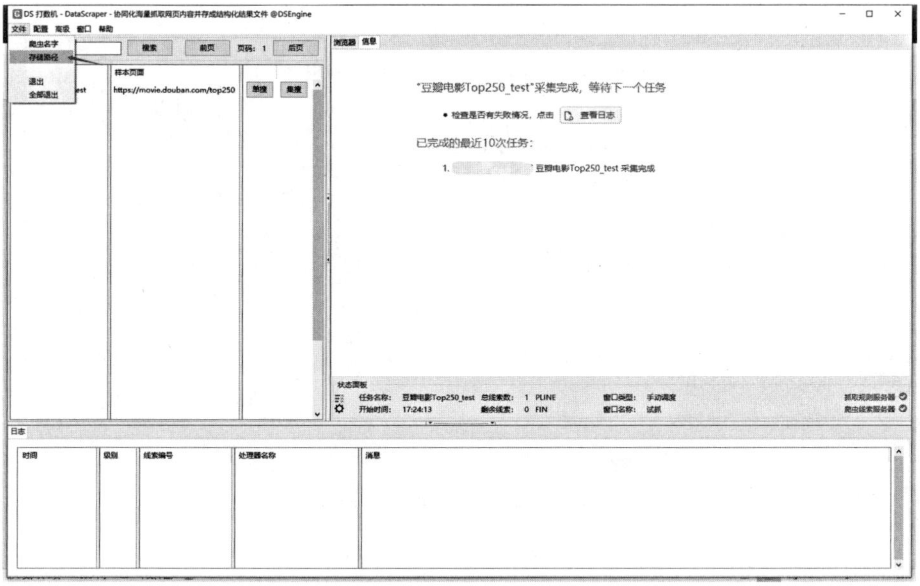

图2-2-14　设置存储路径

4.步骤四：导出数据

成功生成XML文件后，需要访问集搜客GooSeeker官方网站进行数据导出工作。

（1）首先需要登录个人账号。登录后点击“会员中心”。

图2-2-15 进入会员中心

（2）进入会员中心后，点击“数据管理”。此时你可以看到所有你使用集搜客GooSeeker的任务。选择上面步骤中命名的任务，点击“导入XML”。

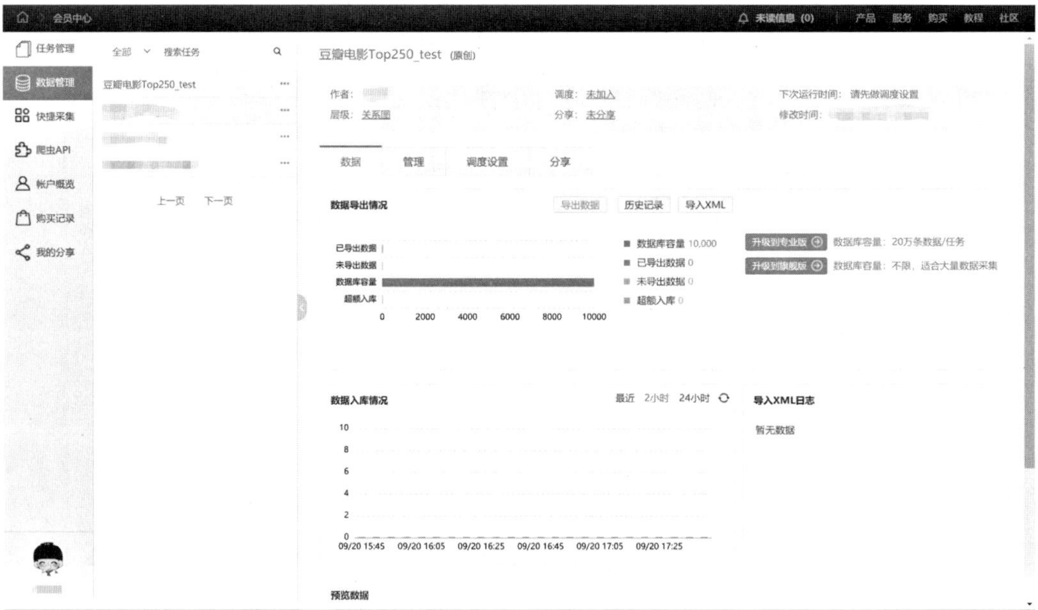

图2-2-16 进入“数据管理”

（3）点击“附件”，在“我的电脑”中选择在采集任务中生成的XML文件。

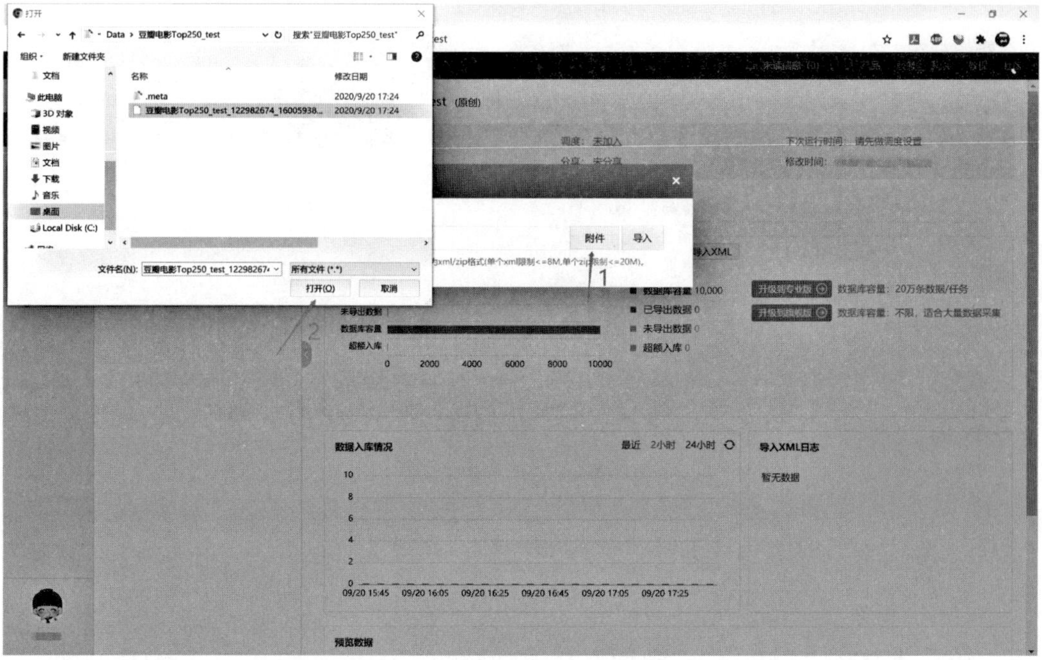

图2-2-17　选择XML文件

（4）成功选择相应XML文件后，点击“导入”即可。

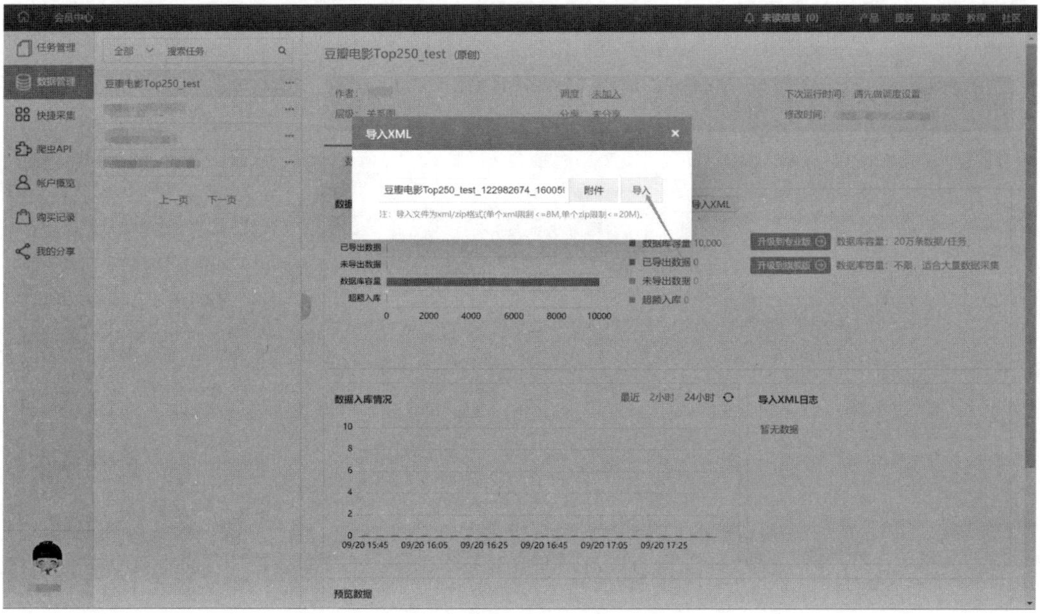

图2-2-18　将XML文件导入“数据管理”

(5)最后，点击“导出数据”，成功导出所采集信息的Excel文档。

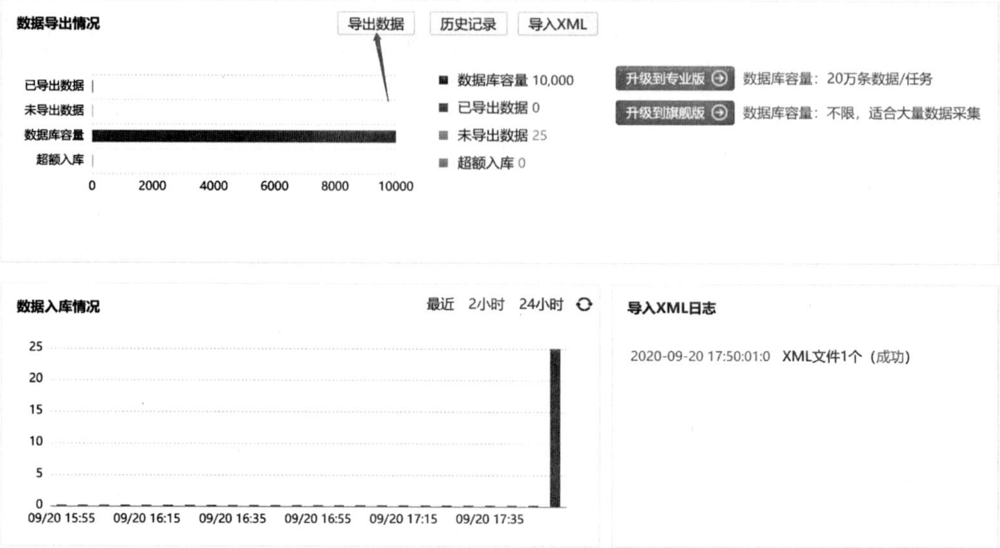

图2-2-19　导出Excel文件

(二)集搜客GooSeeker官方网站

集搜客GooSeeker官方网站配有一系列辅助功能，下面将介绍最常使用的几个功能。

1.大数据论坛

在集搜客GooSeeker官方网站上点击“社区”即可进入。

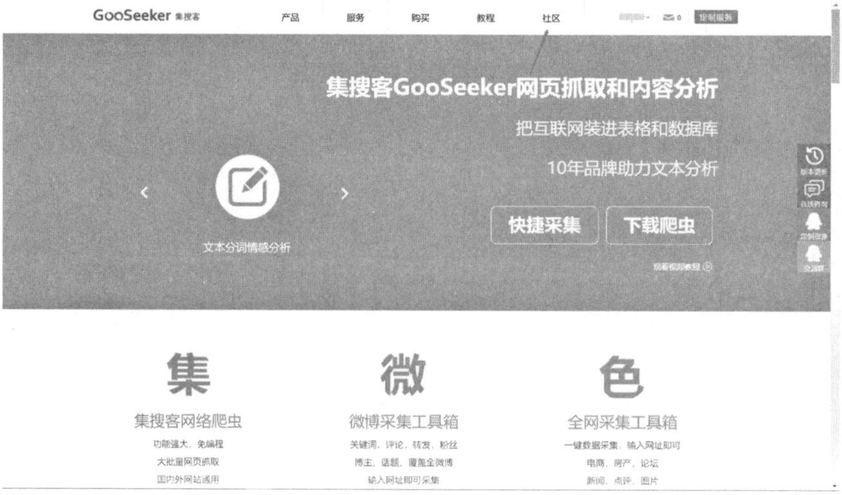

图2-2-20　官方网站首页的“社区”按钮

社区内分为“咨讯”“常见问题”“使用交流”“Python交流”等板块。可以发现，集搜客GooSeeker的大数据论坛的发展目标已不仅仅是软件使用答疑平台，而是成为所有数据工作者的交流天地。

图2-2-21 社区讨论板块

2.配置模板、数据分析工具下载

在论坛页面点击“资源”即可进入资源下载页。

图2-2-22 “资源”板块入口

在资源下载页面可以下载配置好的采集规则、数据分析工具助手、研究报告和数据分析软件等。需要注意的是，部分内容的下载需要集搜客GooSeeker积分。

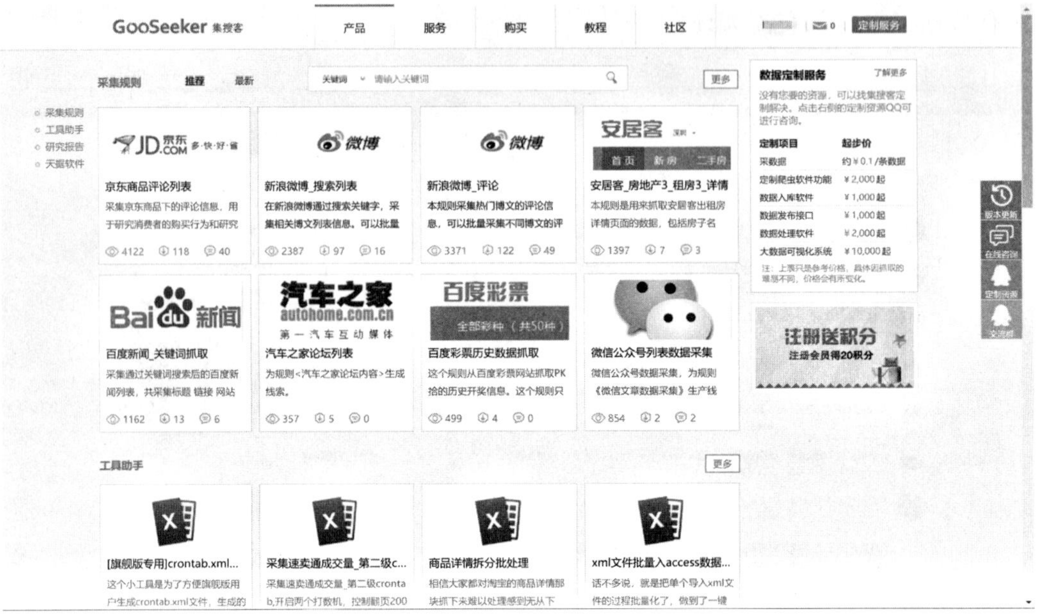

图2-2-23 官方网站提供的采集规则、分析工具

四、注意事项

(1) 所采集的数据必须符合相关法律法规规定。

(2) 采集任务完成后生成的是XML文件，需要在官方网站进行数据导出才能生成Excel文件。数据导出登录网站需要有网环境。

(3) 在进行任务命名时，最好能够具有标识性，方便在官方网站进行数据导出。

(4) 集搜客GooSeeker官方网站部分资源的下载需要集搜客GooSeeker积分。

第三节 真正做到一键采集——后羿采集器

一、介绍

后羿采集器是一款能够在数据自动化采集过程中，同步对数据进行清洗的网页采集软件。[①]后羿采集器同时提供流程图采集、定制化采集和数据清洗功能，其在数据源头即可实现多种内容的过滤，较大程度地使被采集数据准确有效。

官方网站：http://www.houyicaiji.com/。

二、主要功能

后羿采集器主要有两种采集模式：智能模式采集和流程图模式采集。

（一）智能模式：自动识别数据，无须数据科学知识

智能模式主要是针对无编程基础的用户而研发的。智能模式操作简单，只需输入需采集数据网页的网址，采集器便可以自动识别出网页中的列表、表格、链接、图片和价格等内容，随后进行一键数据采集。

但是，智能模式虽然能满足大部分人数据抓取的需求，对于一些高阶操作却难以实现。

（二）流程图模式：可视化点击，上手较为容易

流程图模式是一种满足用户丰富的个性化数据采集需求的操作模式。

流程图模式下，用户的操作主要通过在可视化网页中进行点选完成。用户打开网页后，用鼠标点击想采集的内容，自定义设置采集流程。流程图模式可被看作智能模式更加个性化、精准化的升级。

流程图模式需要用户手动点击设置采集步骤，操作上较智能模式而言更复杂，需要对采集器的工作逻辑进行一定的学习，但同时也可以满足用户更多的需求。

三、案例实践

（一）智能模式

1.步骤一：开始采集

首先，在页面中点击智能模式“开始采集”。

① 后羿采集器官方网站［EB/OL］.［2021-07-21］. http://www.houyicaiji.com/?type=post&pid=736.

图2-3-1　智能模式“开始采集”按钮

2.步骤二：输入网址

此处有三种输入方式：手动输入、文件导入和批量生成。

文件导入方式要求文件为本地TXT文件，批量生成方式则需要用户设置网址的固定网址与变化参数。在使用文件导入方式和批量生成方式时，建议在进行正式采集任务之前使用单网页进行预采集，防止批量采集出的数据出现问题。需要注意的是，手动输入多个网址时需要用空格键分隔，并且网址不可超过200行，超过200行需要使用文件导入功能。

选择适合的方法输入需要采集的网址，随后点击“立即创建”，即可进行下一步操作。

3.步骤三：确认采集字段

以国家统计局公布的2010—2019年我国行政区划的数据为例。

正常情况下，采集器可以自动识别采集网页中的数据，确认采集字段无误后，点击“开始采集”即可。

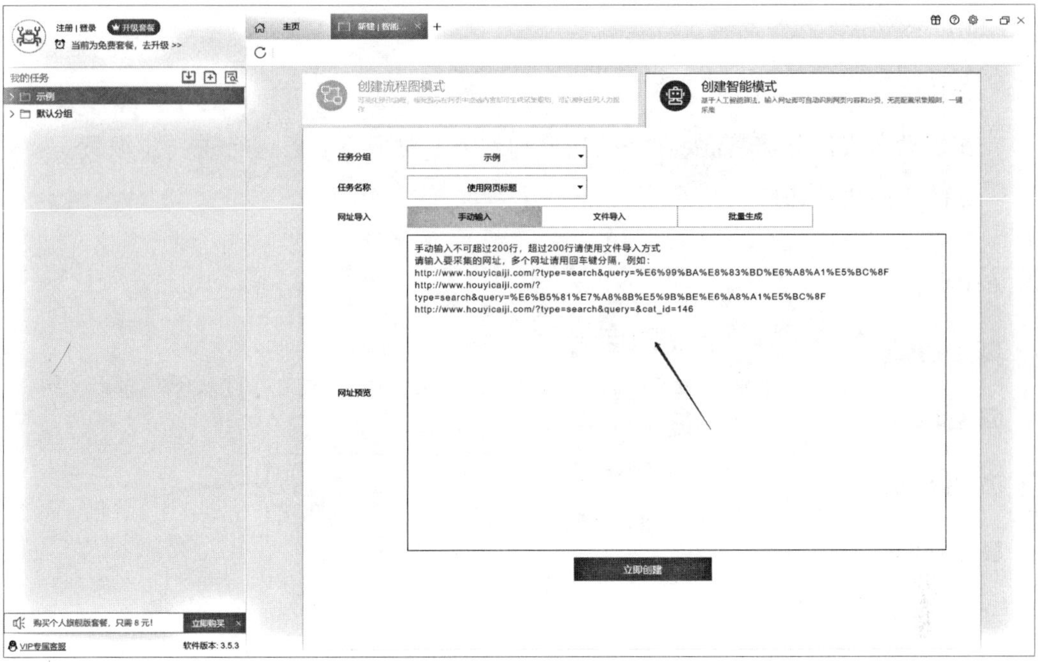

图2-3-2　网址输入栏

但如果智能识别出的字段非所需字段，建议退出任务后再次进行识别。若再次识别仍未成功识别正确字段，则需要手动点击字段操作。

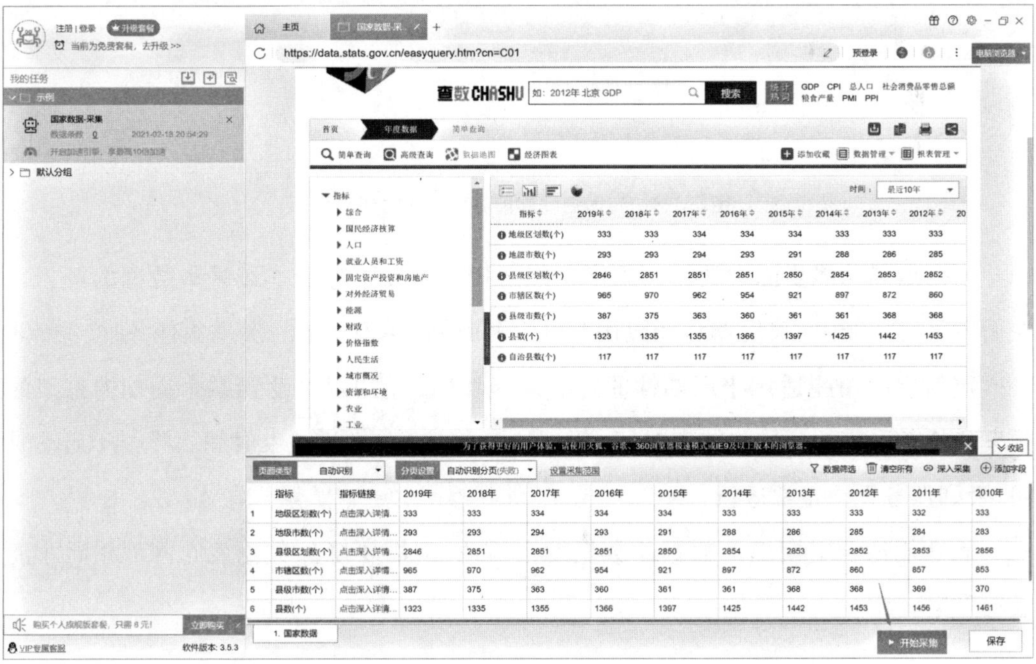

图2-3-3　点击“开始采集”启动采集器

4.步骤四：启动采集器

确认字段后，采集任务即将开始。

在启动采集任务前，需要在一些功能和细节上对采集任务进行进一步设置。

（1）定时启动功能。

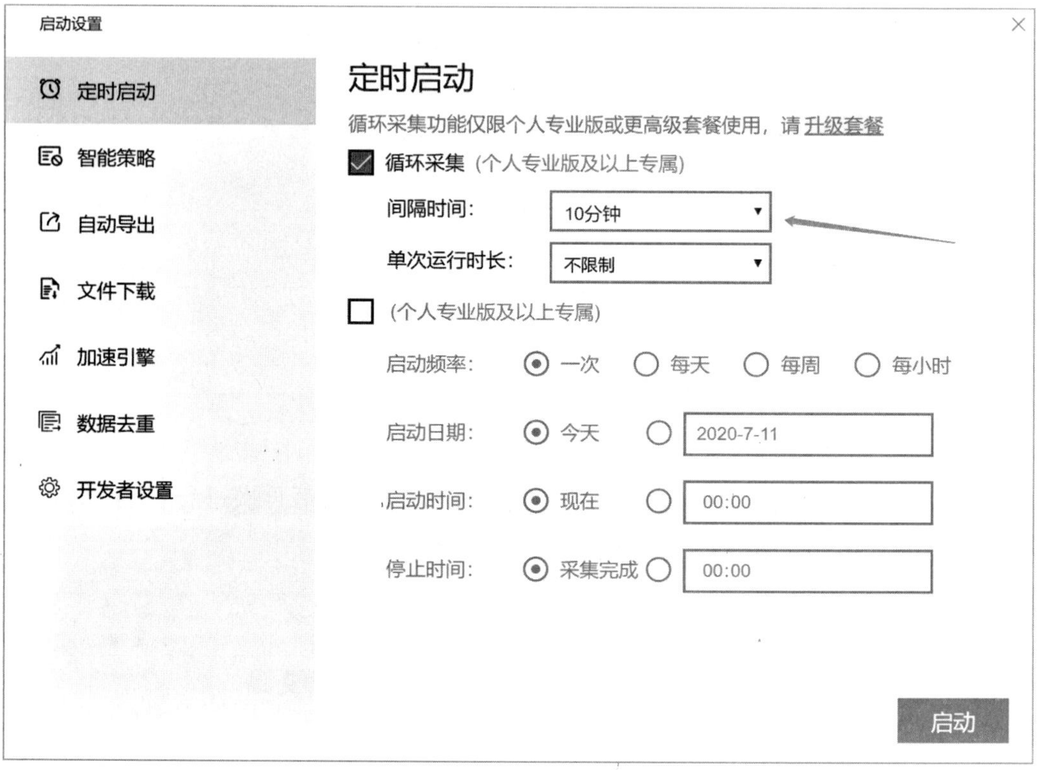

图2-3-4　定时启动功能界面中的循环采集

定时启动功能界面中的循环采集功能适用于需要不间断连续采集数据的场景。在循环采集功能中，采集器将间隔用户设定的时间，再开始下一次采集任务。

定时启动功能适用于周期性的定时采集功能，用户可以设置某个周期内采集的频率和任务采集的开始与结束时间。需要注意的是，采集的结束时间不得早于启动时间，否则任务无法正常运行。

此功能适合定期更新数据的数据发布网站，但需要确保数据发布网址相同才能成功采集。

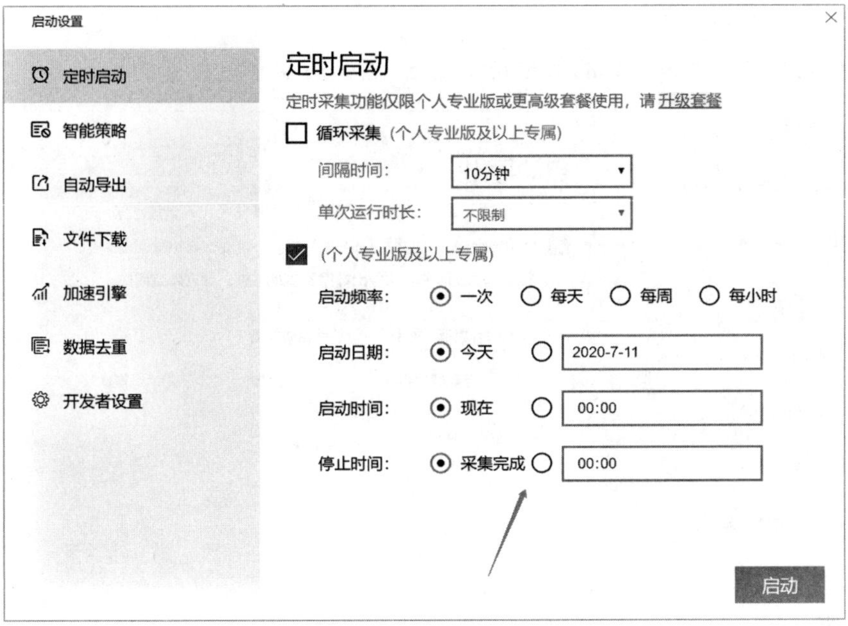

图2-3-5　定时启动功能中的其他设置

（2）智能策略功能。

智能策略功能可以设置代理IP。代理IP可以隐藏本机的IP地址，保护用户部分信息。此外，部分网页仅可通过指定区域IP访问，故而必须使用代理IP以满足此条件。在使用此功能时需格外注意相关规定，以免违反相关法律法规规定。

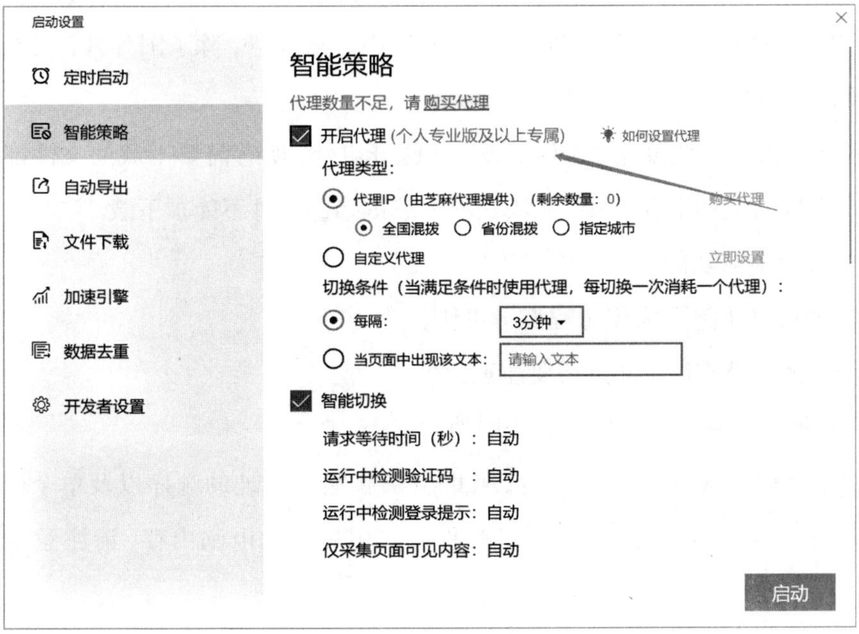

图2-3-6　智能策略功能界面

（3）自动导出功能。

该功能可以让采集得到的数据自动导出，省去后期导出数据的步骤。

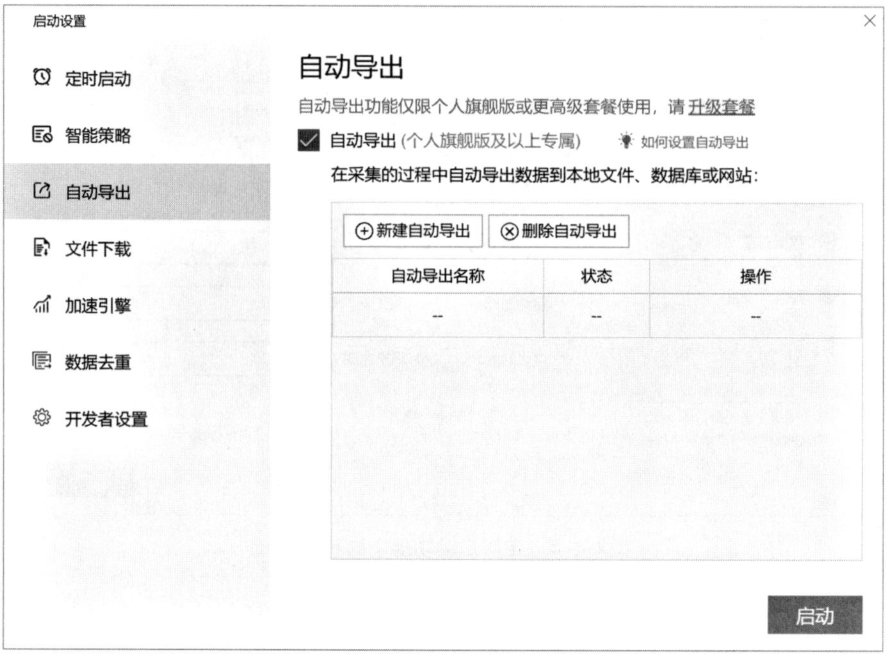

图2-3-7　自动导出功能界面

（4）文件下载功能。

如果所采集的网页中有图片等内容，则需开启文件下载功能。

文件下载功能可以让用户在采集的过程中下载文件，除了图片外，还能下载音频、视频和文档等类型的文件。

需要注意的是，此处是“文件下载”功能开启处，所有需要下载的文件都要在采集字段中设置对应的下载链接，无法获取下载链接的文件不能被下载。

（5）加速引擎功能。

该功能可以让整个采集过程变得更快。

关于加速引擎有以下几点需要注意：

第一，加速引擎功能开启后无法取消。

第二，使用多线程采集功能后，采集结果和输入网址的顺序以及单个网页的内容显示顺序会不一致。此外，使用多线程会占用更多的电脑内存，请注意电脑内存情况。

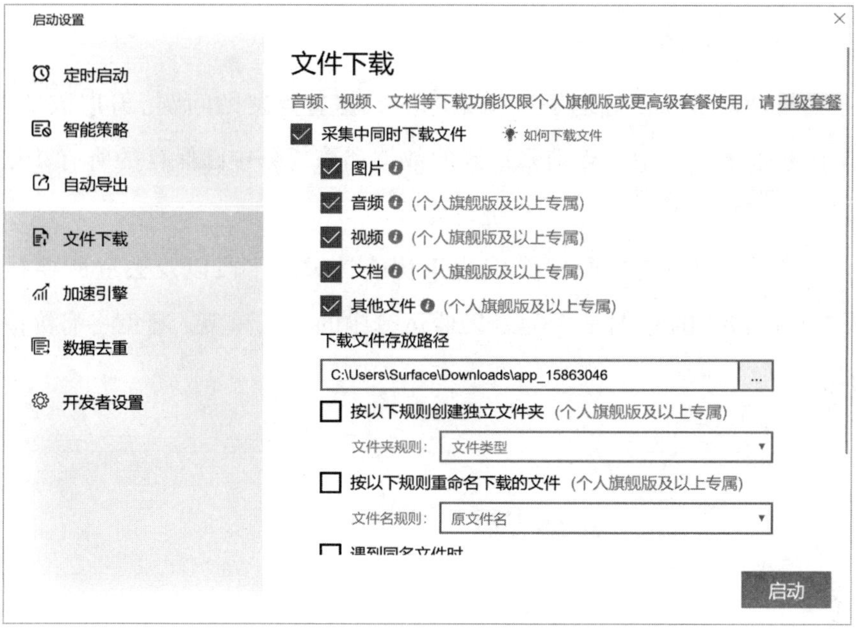

图2-3-8　文件下载功能界面

第三，使用禁用多媒体和HTTP引擎功能时请注意软件提示，避免影响采集结果。

加速引擎对电脑配置要求较高。使用加速引擎前，用户需要确认电脑状况，在进行正式采集前，为保证采集任务完成，建议试用加速引擎进行预采集。

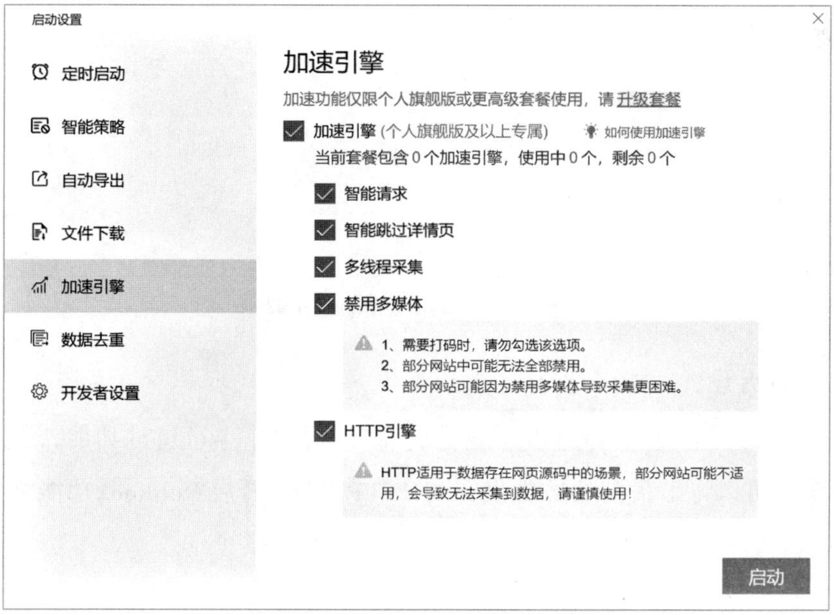

图2-3-9　加速引擎功能界面

（6）数据去重功能。

数据去重功能可以很好地解决采集到的数据有重复的问题。开启该功能后，采集器将在任务采集过程中把当前采集到的数据和该任务中已保存的所有数据进行对比，如果数据重复，则按照设置条件进行处理。

数据去重时，用户需要设置数据去重功能针对的字段以及去重所要执行的操作。需要注意字段中的数据是否为采集器运行中的采集重复，避免将有价值的数据误处理掉。

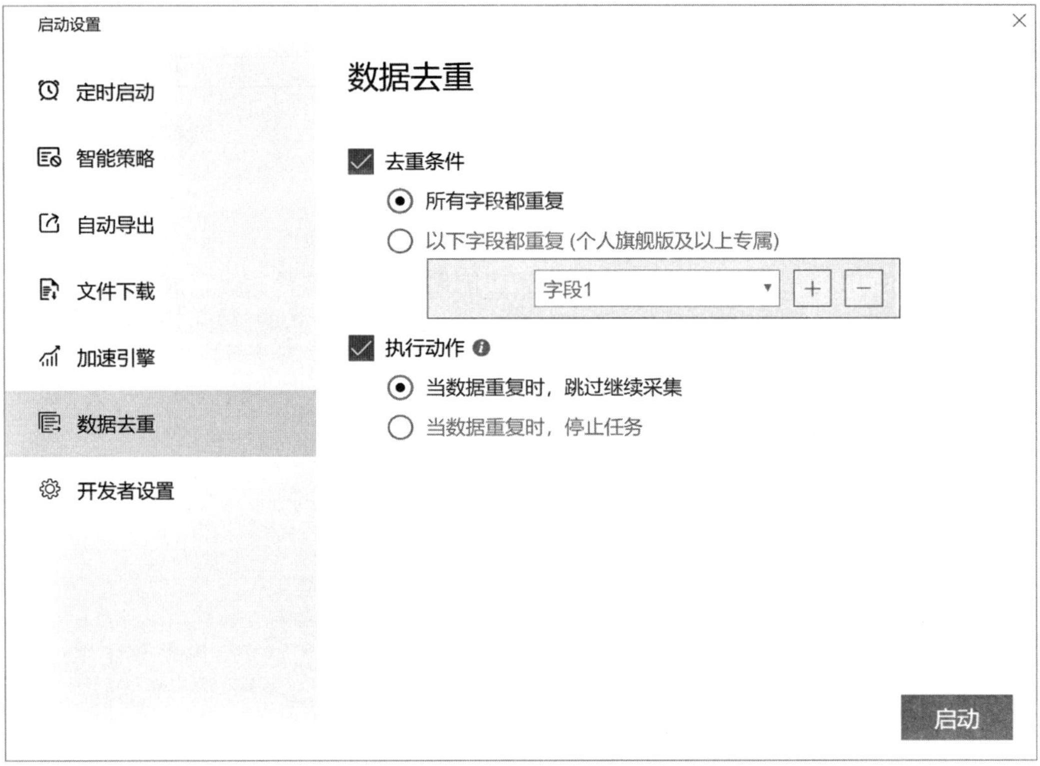

图2-3-10 数据去重功能界面

（7）开发者设置功能。

开发者设置即为对Webhook的设置。后羿采集器支持Webhook功能，通过使用该功能，采集器可以将采集到的数据发布到HTTP地址。开启Webhook功能之后，采集到的数据就将以JSON格式被发送。

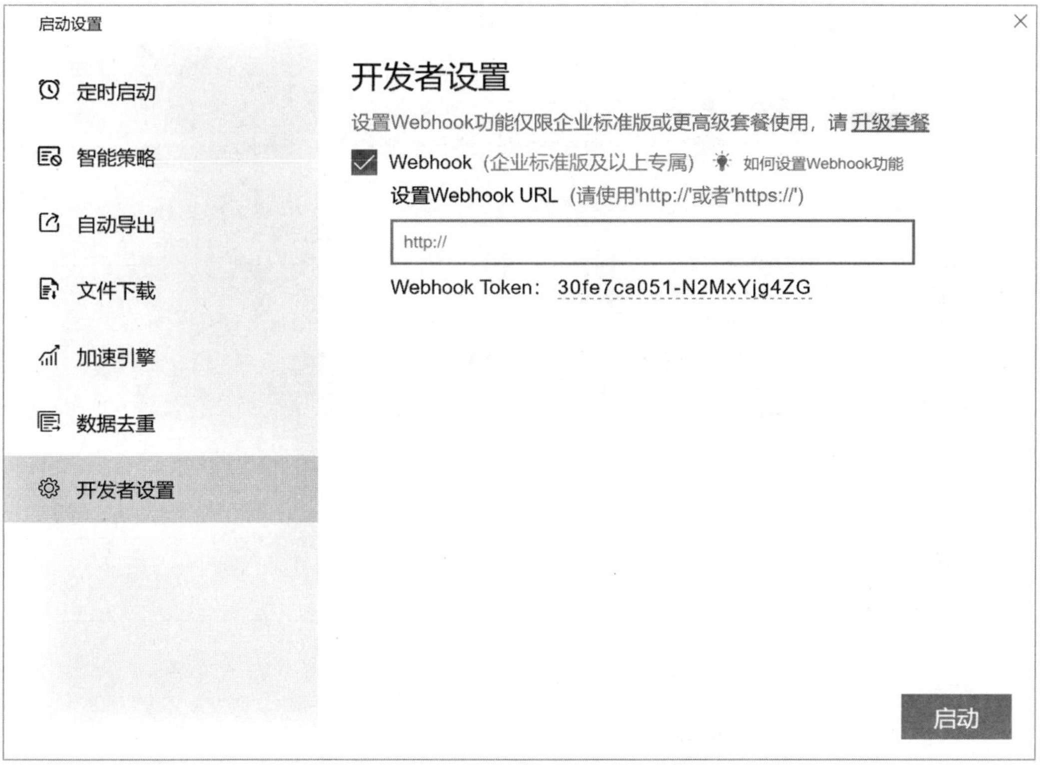

图2-3-11　开发者设置界面

5.步骤五：数据发布

完成上述设置后，即可正式启动采集。

在任务完成后，用户可以根据自己的需求选择数据的导出方式。

后羿采集器除了能够导出Excel、CSV、TXT、HTML等常规格式文件外，还能将采集到的数据发布到MySQL、SQL Server、PostgreSQL、MongoDB等数据库。

如果此前已经设置了自动导出，则无须每次采集结束后手动选择数据导出方式。

后羿采集器的拓展功能丰富，某些设置需要用户具有一定的计算机和数据科学知识。建议用户在熟练进行单网页采集后根据需求进行拓展功能的使用。需要注意的是，部分拓展功能需要付费升级会员后才能使用。

图2-3-12　数据导出方式设置界面

（二）流程图模式

流程图模式与智能模式的步骤基本相同，只是流程图模式与智能模式相比，需要用户选择采集字段，也正是这一步骤让采集过程变得个性化、精准化。用户通过点选操作选择生成数据采集规则，采集器会将复杂的采集编码流程进行可视化封装，生成积木式采集组件。繁复的代码会以可视化模块形态出现，这使没有编程知识的用户也可以轻松修改采集过程的各个步骤。

以下是流程图模式所需操作。

1.步骤一：点击流程图模式

图2-3-13　流程图采集“开始”按钮

2.步骤二：输入网址

此操作与智能模式相同。

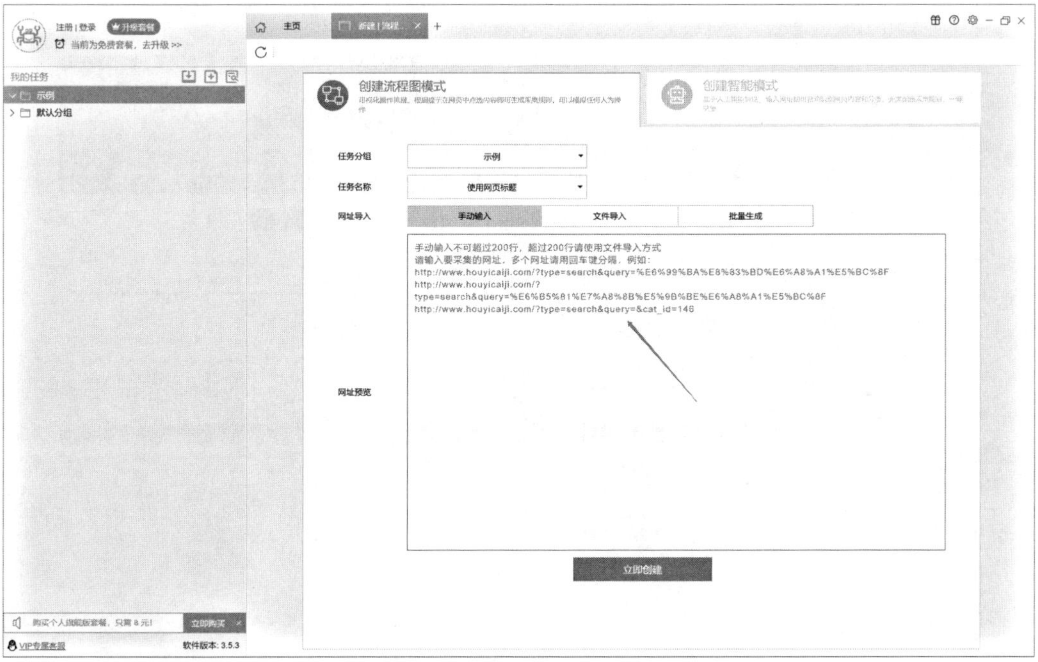

图2-3-14　网址输入栏

3.步骤三：手动选择采集内容

首先，点击需要采集的内容。

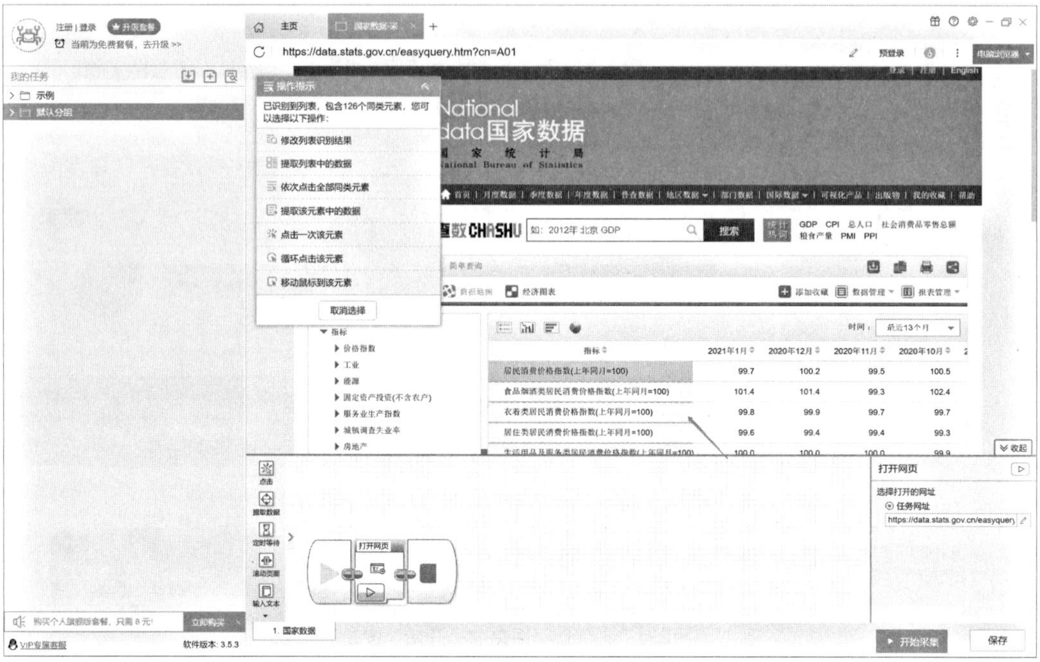

图2-3-15　点击需采集内容

然后，在操作提示中选择采集任务的进一步操作。

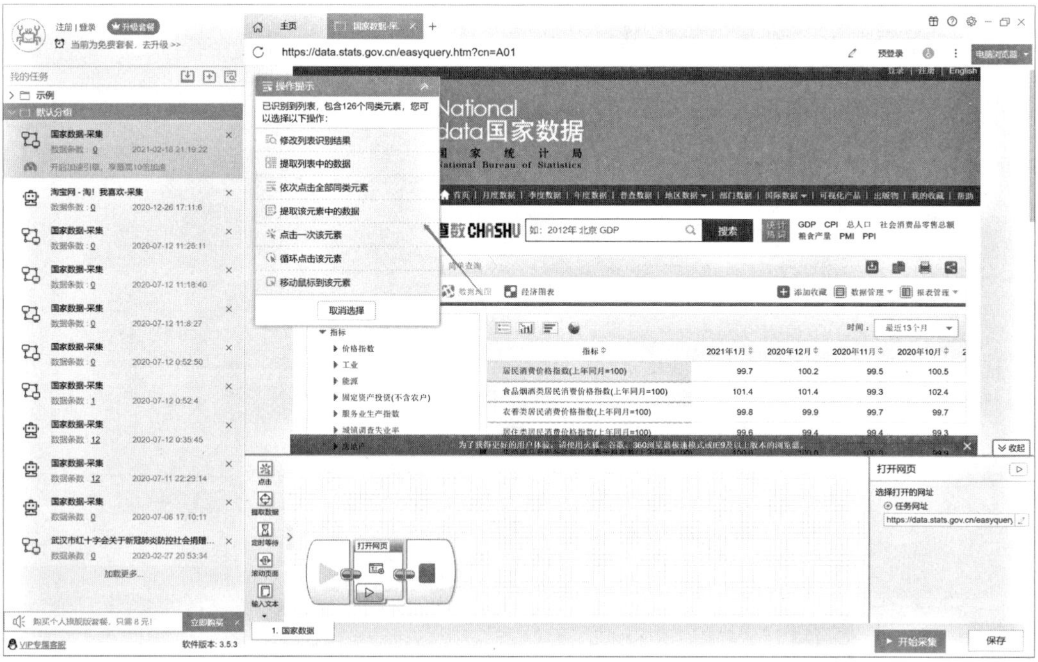

图2-3-16　操作提示栏

可以看到，在流程图中已经生成了积木式采集组件，用户可以根据需要对采集组件内的操作进行编辑、修改。

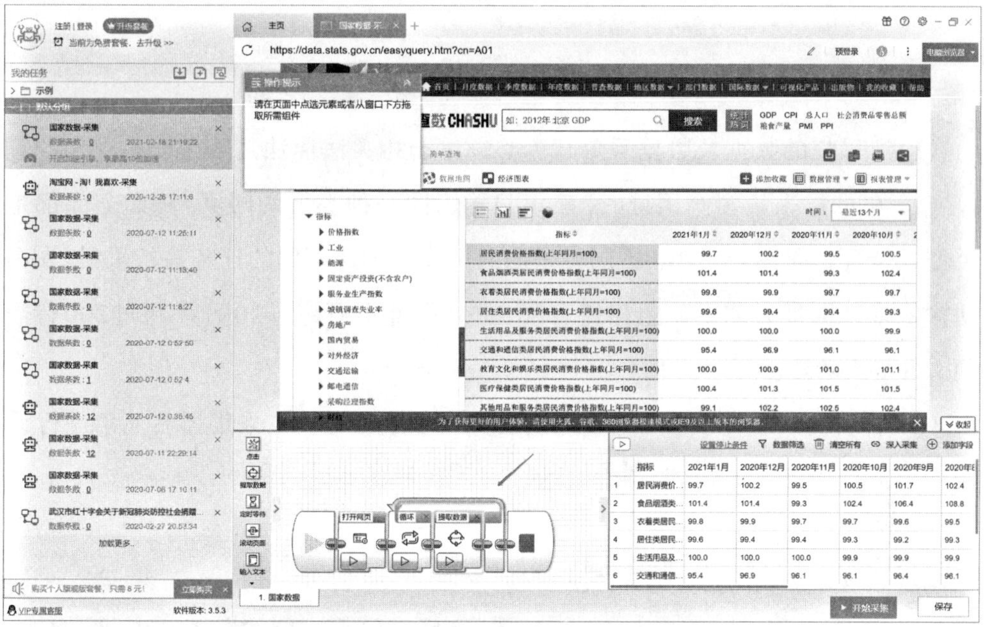

图2-3-17　采集流程编辑修改栏

右侧的表格是已经采集到的字段，在这里用户可以对采集得到的数据进行筛选、清洗，可以进行删除无用字段、清空重复字段等操作。

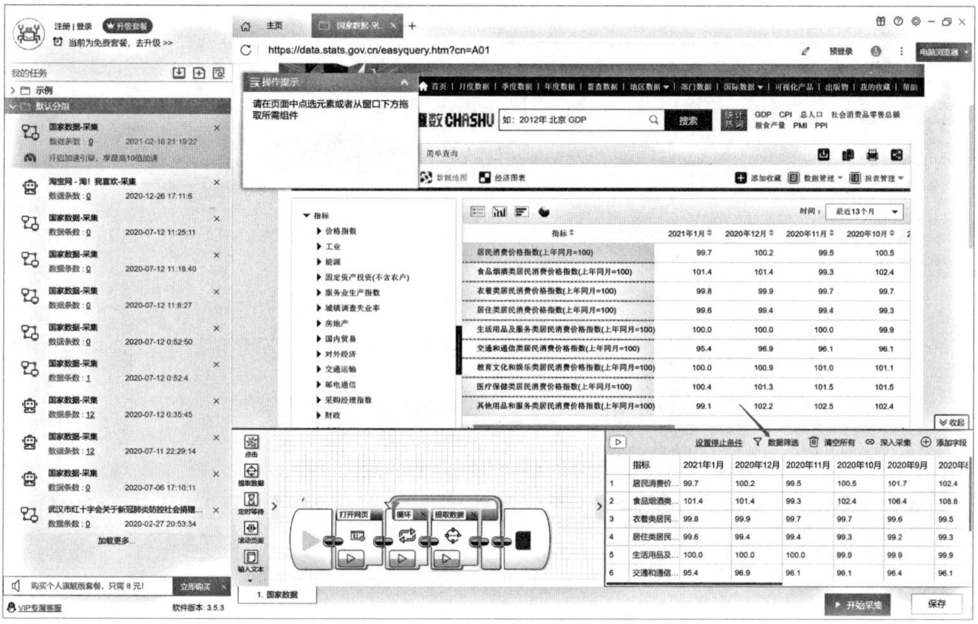

图2-3-18　数据字段编辑栏

确认采集字段后，点击“开始采集”即可开始采集任务。后面的操作与智能模式一样，这里不做赘述。

四、注意事项

（1）所采集的数据及数据采集行为必须符合相关法律法规规定。

（2）在批量采集多个网址时，建议只输入同一种类型的网页，例如全部都是列表类型或全部都是内容类型。不同类型的网页建议创建不同的任务进行采集。另外，手动输入多个网址时需要用空格键分隔，并且网址不可超过200行，超过200行需要使用文件导入功能。

（3）若所需网址需要登录、输入验证码等操作，可以在采集器右上角进行设置操作。

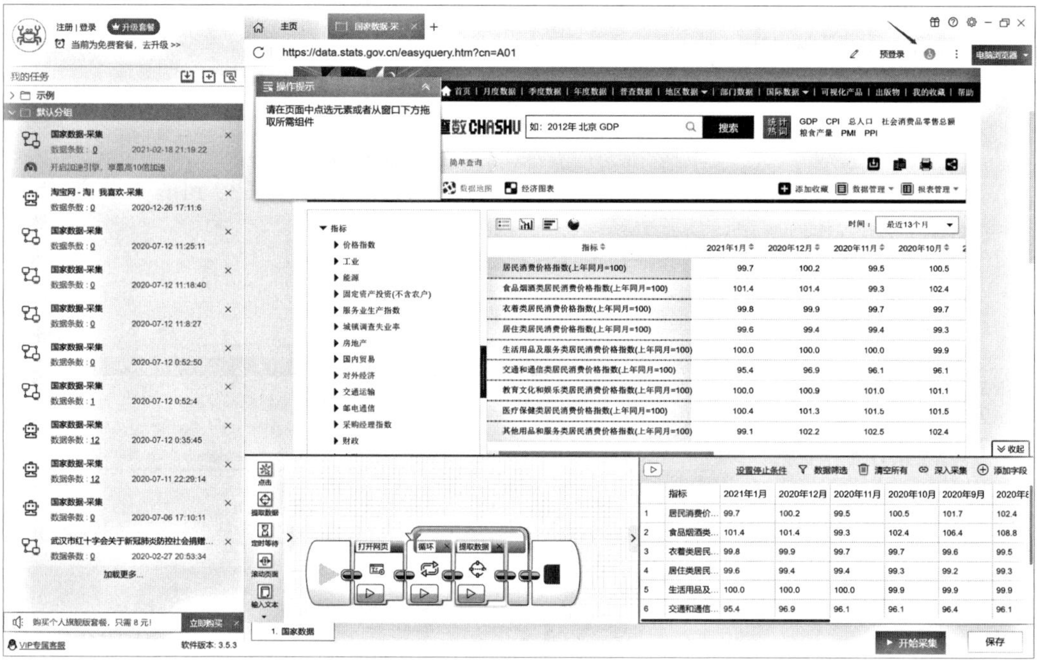

图2-3-19　网页操作栏，可在采集器右上角进行操作

（4）如果采集任务在运行中停止，无论是采集器自动停止还是用户手动停止，若想继续采集，都只能从头开始采集任务。

(5) 如果使用文件下载功能，所有要下载的文件都需在采集字段中设置对应的下载链接，无法获取下载链接的文件不能被下载。

(6) 如果使用加速引擎，需要注意加速引擎功能开启后无法取消。

(7) 使用多线程采集功能后，采集结果和输入网址的顺序以及单个网页的内容显示顺序会不一致。此外，使用多线程会占用更多的电脑内存，需注意电脑内存情况。

(8) 在使用流程图模式采集前，建议先使用智能模式尝试能否一键采集。

(9) 文中提到的部分拓展功能需要开通会员后才能使用。

第四节　数据统计网站

前面介绍了三种常用的数据采集工具。其实，除了爬取数据，目前国内外的大量数据统计网站也是获取数据的重要途径，且其使用优先级通常高于通过采集器获取的数据。

一、国家数据

国家数据网站（https: //data.stats.gov.cn/）是国家统计局官方数据库。网站分为月度数据、季度数据、年度数据、普查数据、地区数据、部门数据和国际数据等板块，具有多种文件输出、制表、绘图、指标解释、表格转置、可视化图表和数据地理信息系统等功能。在国家数据网站中能够查询到国内生产总值（GDP）、消费者物价指数（CPI）、总人口、社会消费品零售总额、粮食产量、采购经理总数（PMI）和生产价格总数（PPI）等数据。

国家数据网站是查询国家统计局的公开数据或与国家生产发展有关的数据的重要渠道。

同时，国家数据网站标注有指标解释。通过指标解释，用户可以更好地理解数据的意义、价值和统计时的一些规则。

图2-4-1　国家数据官方网站

图2-4-2　指标解释

二、艾瑞网

艾瑞网（https://www.iresearch.cn/）是一个专注于电子商务、网络媒体和网络游戏等互联网领域的网站，主要提供业务基本面研究、商业调查和募捐等服务。艾瑞网基于iResearch艾瑞咨询多年来在互联网及电信领域的相关成果，融合行业资源，提供了大量专业数据。

艾瑞网提供了大量有关互联网的数据，不仅包括原始数据，还有专业数据分析师的数据解读报告。

图2-4-3　艾瑞网官方网站

三、世界银行公开数据

世界银行公开数据网站（https://data.worldbank.org.cn/）列出了世界银行公开数据库中超过七千多条数据指标，所有数据均为免费可用。用户可以按国家和指标来浏览数据，国家包括所有世界银行成员体国家数据；指标包含健康、公共部门、农业与农村发展、城市发展、基础设施、外债、性别、援助效率、教育、气候变化和环境等二十个专题中的上百条数据指标。值得一提的是，世界银行公开数据网站支持中文语言切换，用户可直接选择中文页面进行浏览。

图2-4-4　世界银行公开数据官方网站

四、中国互联网络信息中心（CNNIC）

中国互联网络信息中心（http: //www.cnnic.net.cn/）是经国家主管部门批准，于1997年6月3日组建的管理和服务机构，行使国家互联网络信息中心的职责。中国互联网络信息中心主要提供中国互联网发展相关数据，每6个月发布一次中国互联网络发展状况统计报告，报告会详细展示半年内中国互联网各方面业务发展的普及使用、创新发展情况，用户可以直接在其官方网站进行报告的下载。

图2-4-5　中国互联网络信息中心官方网站

五、第一财经商业数据中心(CBNData)

第一财经商业数据中心(https：//www.cbndata.com/report)成立于2015年，是由第一财经和阿里巴巴共同发起成立的国内领先的商业数据研究机构和内容运营服务商。依托阿里巴巴和第一财经的优势资源，以科技为驱动，以场景为延展，面向市场全面输出数据服务及内容服务能力。

第一财经商业数据中心的内容服务主要面向金融领域等商业场景，针对社会热点发布数据分析报告。网站对不同报告进行了标签分类，方便查询。大多数报告都可以在其官方网站上进行免费下载。

图2-4-6　第一财经商业数据中心官方网站

六、大数据导航

大数据导航(http：//hao.199it.com/)是一个数据网站集合地，收集了国内外数百家数据开放平台、数据报告发布平台网址。通过大数据导航网站的搜索功能，用户几乎可以搜索到所有开放数据的网站链接。网站所提供的数据适用于多场景，既有各个国家官方公布数据，也有各互联网趋势分析指数。大数据导航不仅为用户集合了数据公开网站，同时还配有大量数据分析工具资源，可谓一站包含大数据的方方面面。

图2-4-7　大数据导航官方网站

3 CHAPTER

第三章 数据清洗工具

完成数据搜集后，得到的数据通常难以直接使用，用户需要进行进一步的清洗与处理，才能认识到数据的规律。本章将介绍几种常见的数据清洗与分析工具，帮助数据新闻从业者发现数据中的规律。

第一节　Excel

一、介绍

Microsoft Excel是一款电子表格软件。作为微软办公套装软件的一个重要的组成部分，它可以进行各种数据的处理、统计分析和辅助决策操作，被广泛地应用于管理、统计财经和金融等众多领域。

Excel是所有数据新闻工作者必须掌握的一个入门级数据分析工具，用于对数据做简单的清理，如使用函数、分类汇总清理重复记录，使用函数删除多余空格、转换数据类型等，使用分类汇总、排序、数据透视表等完成初步数据分析。

在数据新闻领域，Excel可以承担绝大部分数据清洗任务，功能非常强大，同时它还可以进行简单的数据图表制作，是相对最基础、最实用的数据新闻制作工具。

二、优点

（一）表格方式管理数据

Excel的一个突出的特点是采用表格方式管理数据，所有的数据、信息都以二维表格形式（工作表）管理，单元格中数据间的相互关系一目了然。这使数据的处理和管理更直观、更方便、更易于理解。对于日常工作中常用的表格处理操作，比如增加行、删除列、合并单元格、表格转置等，在Excel中均只需简单地通过菜单或工具按钮即可完成。

（二）强大的数据分析功能

除了能够方便地进行各种表格处理以外，Excel还具有一般电子表格软件所不具备的强大的数据处理和数据分析功能。它提供了财务、日期与时间、数学与三角函数、统计、查找与引用、数据库、文本、逻辑和信息等九大类几百个内置函数，可以满足许多领域的数据处理与分析的要求。

（三）丰富的可视化选项

Excel具有很强的图表处理功能，可以根据数据类型对图表进行智能推荐，且制作方法简单，生成速度快。

三、使用范围

Excel作为最基础和简单易上手的数据清洗工具，使用范围非常广。从数据量而言，一个Excel中能存放最多255个工作簿，每个工作簿中能存放65，536行、256列。但数据量过大较易导致运行速度过慢，因此，Excel一般适用于数据量小于10万的场景。

四、注意事项

（1）注意保留原始数据、数据来源与出处。

（2）做好数据处理日志，便于进行错误订正及同伴协作。

五、案例实践

（一）使用VLOOKUP函数整理数据

当需要在表格或区域中按行查找项目、合并多张表格的数据时，Excel中自带的VLOOKUP函数其实能帮你省下许多功夫。

下面以大学生体质测试成绩表为例，探索VLOOKUP的多重用法。

1.单一条件查询结果

首先介绍一下VLOOKUP函数的语法：

=VLOOKUP(lookup_value，table_array，col_index_num，range_lookup)

即：

=VLOOKUP（要查找的内容，要查找的位置，查找位置中待返回的匹配值的列号，返回近似或精确匹配 1/TRUE或0/FALSE）

	A	B	C	D	E	F	G	H	I	J	K	L	M	N
1	学号	身高	体重	分数	肺活量	分数	50米跑	分数	1000或800米跑	分数	测试总分			
2	01	181.6	82.5	80	5358	100	7.1	78	4′57″	40	67			
3	02	162.4	45.9	100	3062	80	8.3	78	3′41″	80	83.6			
4	03	181.6	80.8	80	4685	85	7.3	76	5′09″	40	62		学号	测试总分
5	04	183.3	83.1	80	6213	100	6.8	90	3′30″	85	87.7		26	
6	05	186.4	85	80	5894	100	7.2	78	4′27″	60	72.4		48	
7	06	164.6	47	100	3296	85	9.7	64	4′53″	30	70.6		17	
8	07	173.8	87.8	60	4753	85	7.4	76	4′49″	50	61.6			
9	08	178.8	68.9	100	5054	95	6.4	100	4′29″	60	71.3			
10	09	174.9	50.4	80	3082	80	9.1	70	3′40″	80	69.2			
11	10	171.7	51.1	100	3450	100	9.6	66	4′38″	50	74.6			
12	11	172.8	79.7	80	4667	85	7.5	74	4′20″	64	66.4			
13	12	163.9	58.5	100	3547	100	9.3	68	4′04″	70	79.3			
14	13	176.2	53.3	100	3457	100	8.8	74	3′46″	78	84.9			
15	14	174.5	74.5	80	4923	90	7.7	72	4′46″	50	66.7			
16	15	168.6	62.4	100	3357	90	8.1	80	3′35″	85	87.8			
17	16	172.2	61.9	100	4543	80	6.5	100	3′47″	76	81.9			
18	17	183.3	71.4	100	5148	100	6.7	95	3′55″	74	80.2			
19	18	180.9	67.1	100	5378	100	6.5	100	4′26″	60	82			
20	19	179.9	70.8	100	4359	78	6.9	85	4′24″	62	71.3			
21	20	177.5	70.9	100	4489	80	7	80	3′55″	74	86.8			
22	21	161.6	45	100	2714	72	10.3	50	4′36″	50	58.2			

图3-1-1　单一条件查询

以图3-1-1为例，这是一份表头横向排列的大学生体质测试成绩表，共有50行11列。我们可以使用VLOOKUP函数轻松地在表中根据任一条件进行查询。

例如，如果想要查询学号为26、48、17的同学的测试总分，可以在单元格内输入函数“= VLOOKUP ( )”。

括号内第一项填写条件所在的单元格，也就是学号26所在单元格“M5”。

第二项填写查找的位置，也就是整张成绩表"A1：K50"。如果之后要对本单元格进行双击下拉操作，需要对查找位置进行绝对引用，通过F4即可实现，变成"$A$1：$K$50"。

第三项填写结果在查找范围中的所在列数。"测试总分"所在列数是在第二项选择的"A1：K50"范围中的第10列（K列），因此第三项填写10。

本次查找属于精确匹配，第四项填写0。

最后结果为：

"=VLOOKUP（M5，A1：K50，10，0）"，按Enter运行即可。

学号为48、17的同学的成绩可直接双击下拉获得。

注意：

如果之后要对引用单元格进行双击下拉操作，一定要通过F4进行绝对引用。在笔记本电脑上运行F4功能可以通过"Fn+F4"实现。

绝对引用可以被理解成一把锁。正常下拉操作会导致行数列数都有所变化，而加上锁就能让行/列保持不变。例如"A$1"锁住了行1后，往任何方向拉只会改变列数。

VLOOKUP中要查找的值只能位于查找位置的第一列，如果查阅值不在数组的第一列中，将会出现 #N/A 错误。

2.数据整合

数据整合是指将多个表格的数据合并到一个表中，这其实就是在新建表格中对原表格数据进行查找的过程。唯一变化的是，为了引用原表格数据，第二项要改成"原表格名称!表格范围"。

例如，从总表中提取学号为01、05、07、09、20的同学的某几项成绩组成新表。

	A	B	C	D	E	F
1	学号	身高	体重	1000或800米跑	分数	测试总分
2	01	181.6	82.5	4'57"	40	67
3	05	186.4				
4	07	173.8				
5	09	174.9				
6	20	177.5				

图3-1-2　成绩新表

第2行公式分别为：

"=VLOOKUP（A2，原表!$A$2：$K$50，2，0）"

"=VLOOKUP（A2，原表!$A$2：$K$50，3，0）"

"=VLOOKUP（A2，原表!$A$2：$K$50，9，0）"

"=VLOOKUP（A2，原表!$A$2：$K$50，10，0）"

"=VLOOKUP（A2，原表!$A$2：$K$50，11，0）"

要想获取其余同学的数据，双击下拉即可。

在每一格分别输入公式是防止新手出错的有效办法，追求更快捷的方式可以通过在其中嵌套COLUMN函数实现。

3.精确匹配与近似匹配

上述案例都属于精确匹配范畴，查询结果和条件是完全对应的关系。近似匹配的原理则是在比查找值小的范围内匹配与之最接近的值。

假设体质测试最终成绩是按等级评分。0～60分（不包含60分）是D等级，60～80分（不包含80分）是C等级，80～90分（不包含90分）是B等级，90分以上是A等级。

想要迅速为这49名同学划分等级，就需要用到VLOOKUP函数的近似匹配功能。

	A	B	C	D	E	F	G	H	I	J	K	L	M	N	O
1	学号	身高	体重	分数	肺活量	分数	50米跑	分数	1000或800米跑	分数	测试总分	等级		分数与等级对应表	
2	01	181.6	82.5	80	5358	100	7.1	78	4'57"	40	67	=VLOOKUP()		分数	等级
3	02	162.4	45.9	100	3062	80	8.3	78	3'41"	80	83.6			0	D
4	03	181.6	80.8	80	4685	85	7.3	76	5'09"	40	62			60	C
5	04	183.3	83.1	80	6213	100	6.8	90	3'30"	85	87.7			80	B
6	05	186.4	85	80	5894	100	7.2	78	4'27"	60	72.4			90	A
7	06	164.6	47	100	3296	85	9.7	64	4'53"	30	70.6				
8	07	173.8	87.8	60	4753	85	7.4	76	4'49"	50	61.6				
9	08	178.8	68.9	100	5054	95	6.4	100	4'29"	60	71.3				
10	09	174.9	50.4	80	3082	80	9.1	70	3'40"	80	69.2				
11	10	171.7	51.1	100	3450	100	9.6	66	4'38"	50	74.6				
12	11	172.8	79.7	80	4667	85	7.5	74	4'20"	64	66.4				
13	12	163.9	58.5	100	3547	100	9.3	68	4'04"	70	79.3				
14	13	176.2	53.3	100	3457	100	8.8	74	3'46"	78	84.9				
15	14	174.5	74.5	80	4923	90	7.7	72	4'46"	50	66.7				
16	15	168.6	62.4	100	3357	90	8.1	80	3'35"	85	87.8				
17	16	172.2	61.9	100	4543	80	6.5	100	3'47"	76	81.9				
18	17	183.3	71.4	100	5148	100	6.7	95	3'55"	74	80.2				
19	18	180.9	67.1	100	5378	100	6.5	100	4'26"	60	82				
20	19	179.9	70.8	100	4359	78	6.9	85	4'24"	62	71.3				
21	20	177.5	70.9	100	4489	80	7	80	3'55"	74	86.8				
22	21	161.6	45	100	2714	72	10.3	50	4'36"	50	58.2				

图3-1-3 分数与等级对应表

首先在表格旁列出分数及等级的对应情况，然后就可以使用VLOOKUP函数了。前三项内容一致，分别是查找内容"测试总分"，查找位置——分数与等级对应表，以及结果所在列数2（O列在分数等级对应表中）。

第四项选择近似匹配，“TRUE”或者“1”都可以。

最终L列公式结果为：

“=VLOOKUP(K2, \$N\$2: \$O\$6, 2, TRUE)”

“=VLOOKUP(K2, \$N\$2: \$O\$6, 3, TRUE)”

……

	A	B	C	D	E	F	G	H	I	J	K	L	M	N	O
1	学号	身高	体重	分数	肺活量	分数	50米跑	分数	1000或800米跑	分数	测试总分	等级		分数与等级对应表	
2	01	181.6	82.5	80	5358	100	7.1	78	4'57"	40	67	C		分数	等级
3	02	162.4	45.9	100	3062	80	8.3	78	3'41"	80	83.6	B		0	D
4	03	181.6	80.8	80	4685	85	7.3	76	5'09"	40	62	C		60	C
5	04	183.3	83.1	80	6213	100	6.8	90	3'30"	85	87.7	B		80	B
6	05	186.4	85	80	5894	100	7.2	78	4'27"	60	72.4	C		90	A
7	06	164.6	47	100	3296	85	9.7	64	4'53"	30	70.6	C			
8	07	173.8	87.8	60	4753	85	7.4	76	4'49"	50	61.6	C			
9	08	178.8	68.9	100	5054	95	6.4	100	4'29"	60	71.3	C			
10	09	174.9	50.4	80	3082	80	9.1	70	3'40"	80	69.2	C			
11	10	171.7	51.1	100	3450	100	9.6	66	4'38"	50	74.6	C			
12	11	172.8	79.7	80	4667	85	7.5	74	4'20"	64	66.4	C			
13	12	163.9	58.5	100	3547	100	9.3	68	4'04"	70	79.3	C			
14	13	176.2	53.3	100	3457	100	8.8	74	3'46"	78	84.9	B			
15	14	174.5	74.5	80	4923	90	7.7	72	4'46"	50	66.7	C			
16	15	168.6	62.4	100	3357	90	8.1	80	3'35"	85	87.8	B			
17	16	172.2	61.9	100	4543	80	6.5	100	3'47"	76	81.9	B			
18	17	183.3	71.4	100	5148	100	6.7	95	3'55"	74	80.2	B			
19	18	180.9	67.1	100	5378	100	6.5	100	4'26"	60	82	B			
20	19	179.9	70.8	100	4359	78	6.9	85	4'24"	62	71.3	C			
21	20	177.5	70.9	100	4489	80	7	80	3'55"	74	86.8	B			
22	21	161.6	45	100	2714	72	10.3	50	4'36"	50	58.2	D			

图3-1-4　近似匹配结果

4.多条件查询结果

以上场景均是根据一个条件查询数据的情况，那么当遇到多条件查询数据时，VLOOKUP又该如何使用呢？

	A	B	C	D	E	F	G	H	I	J	K	L	M	N	O	P
1	学号	身高	体重	分数	肺活量	分数	50米跑	分数	1000或800米跑	分数	测试总分		身高体重分数	肺活量分数	50米跑分数	学号
2	01	181.6	82.5	80	5358	100	7.1	78	4'57"	40	67		100	100	100	
3	02	162.4	45.9	100	3062	80	8.3	78	3'41"	80	83.6					
4	03	181.6	80.8	80	4685	85	7.3	76	5'09"	40	62					
5	04	183.3	83.1	80	6213	100	6.8	90	3'30"	85	87.7					
6	05	186.4	85	80	5894	100	7.2	78	4'27"	60	72.4					
7	06	164.6	47	100	3296	85	9.7	64	4'53"	30	70.6					
8	07	173.8	87.8	60	4753	85	7.4	76	4'49"	50	61.6					
9	08	178.8	68.9	100	5054	95	6.4	100	4'29"	60	71.3					
10	09	174.9	50.4	80	3082	80	9.1	70	3'40"	80	69.2					
11	10	171.7	51.1	100	3450	100	9.6	66	4'38"	50	74.6					
12	11	172.8	79.7	80	4667	85	7.5	74	4'20"	64	66.4					
13	12	163.9	58.5	100	3547	100	9.3	68	4'04"	70	79.3					
14	13	176.2	53.3	100	3457	100	8.8	74	3'46"	78	84.9					
15	14	174.5	74.5	80	4923	90	7.7	72	4'46"	50	66.7					
16	15	168.6	62.4	100	3357	90	8.1	80	3'35"	85	87.8					
17	16	172.2	61.9	100	4543	80	6.5	100	3'47"	76	81.9					
18	17	183.3	71.4	100	5148	100	6.7	95	3'55"	74	80.2					
19	18	180.9	67.1	100	5378	100	6.5	100	4'26"	60	82					
20	19	179.9	70.8	100	4359	78	6.9	85	4'24"	62	71.3					
21	20	177.5	70.9	100	4489	80	7	80	3'55"	74	86.8					
22	21	161.6	45	100	2714	72	10.3	50	4'36"	50	58.2					

图3-1-5　多条件查询数据

接下来，我们需要利用VLOOKUP，从图3-1-5中找到三项测试都是满分的学生学号。

可以通过“=VLOOKUP（条件一&条件二&条件三，CHOOSE（{1，2}，条件一范围 &条件二范围&条件三范围，结果范围），2，0）”实现。

其中几个条件范围共同属于“CHOOSE（{1，2}”中的1，结果范围属于2，因此第三项列数为2。

在本案例中为：

“=VLOOKUP（M2&N2&O2，CHOOSE（{1，2}，D2：D50&F2：F50&H2：H50，A2：A50），2，0）”

具体对应如图3-1-6所示。

SUM =VLOOKUP(M2&N2&O2,CHOOSE({1,2},D2:D50&F2:F50&H2:H50,A2:A50),2,0)

学号	身高	体重	分数	肺活量	分数	50米跑	分数	1000或800米跑	分数	测试总分
01	181.6	82.5	80	5358	100	7.1	78	4'57"	40	67
02	162.4	45.9	100	3062	80	8.3	78	3'41"	80	83.6
03	181.6	80.8	80	4685	85	7.3	76	5'09"	40	62
04	183.3	83.1	80	6213	100	6.8	90	3'30"	85	87.7
05	186.4	85	80	5894	100	7.2	78	4'27"	60	72.4
06	164.6	47	100	3296	85	9.7	64	4'53"	30	70.6
07	173.8	87.8	60	4753	85	7.4	76	4'49"	50	61.6
08	178.8	68.9	100	5054	95	6.4	100	4'29"	60	71.3
09	174.9	50.4	80	3082	80	9.1	70	3'40"	80	69.2
10	171.7	51.1	100	3450	100	9.6	66	4'38"	50	74.6
11	172.8	79.7	80	4667	85	7.5	74	4'20"	64	66.4
12	163.9	58.5	100	3547	100	9.3	68	4'04"	70	79.3
13	176.2	53.3	100	3457	100	8.8	74	3'46"	78	84.9
14	174.5	74.5	80	4923	90	7.7	72	4'46"	50	66.7
15	168.6	62.4	100	3357	90	8.1	80	3'35"	85	87.8
16	172.2	61.9	100	4543	80	6.5	100	3'47"	76	81.9
17	183.3	71.4	100	5148	100	6.7	95	3'55"	74	80.2
18	180.9	67.1	100	5378	100	6.5	100	4'26"	60	82
19	179.9	70.8	100	4359	78	6.9	85	4'24"	62	71.3
20	177.5	70.9	100	4489	80	7	80	3'55"	74	86.8
21	161.6	45	100	2714	72	10.3	50	4'36"	50	58.2

身高体重分数	肺活量分数	50米跑分数	学号
100	100	100	\50),2,0)

图3-1-6　多条件查询结果

注意，运行时需要同时按Ctrl+Shift+Enter。

其中，有几个常见问题需要注意：

（1）#N/A。

如果是近似匹配，可能是由于第一项中的值比选中范围的第一列中的最小值小。

如果是精确匹配，意味着未找到精确匹配项，可以看看查阅值是否在选定数组的第一列中，引用的单元格是否有隐藏空格或非打印字符，或者单元格是否遵循正确的数据类型。

（2）返回错误值。

大多出现在近似匹配中，可能是未对第一列排序造成的。

如果精确匹配出现相关问题，请仔细检查各项输入。当然，一开始就使用绝对引用锁定会避免这些麻烦。

（3）#REF!。

如果第三项大于第二项中的列数，则会显示错误值 #REF! 。

#REF!代表公式引用的单元格无效，检查自己是不是之前进行了复制、粘贴、添加、删除单元格的操作。

（4）#VALUE!。

如果第一项参数超出 255 个字符或第三项参数包含文本或小于 0，则会显示错误值 #VALUE! 。

（5）#NAME? 。

错误值 #NAME? 通常意味着该公式缺少引号。查找中文时，需要给公式中的中文加上引号。

（二）Excel直方图教学

直方图是用于展示数据的分组分布状态的一种图形，用矩形的宽度和高度表示频数分布。通过直方图，用户可以很直观地看出数据分布的形状、中心位置以及数据的离散程度等。

在Excel中，可以通过直方图观测数据分布。

1.步骤一：根据需要设置分段点

	A	B	C	D	E
1		姓名	年龄		分段点
2		杨柳青	50		25
3		杨丽琼	47		30
4		贾美丽	45		40
5		刘俊杰	54		55
6					
7					
8					
9					

图3-1-7　设置分段点

这里分别设置为25、30、40、55，表示统计25岁及以下、26~30岁、31~40岁、41~55岁和55岁以上几个年龄段的分布。

依次单击“数据”→“数据分析”。

图3-1-8　数据分析工具位置

2.步骤二：进行进一步设置

接下来，需要进一步设置数据分析工具与条件。

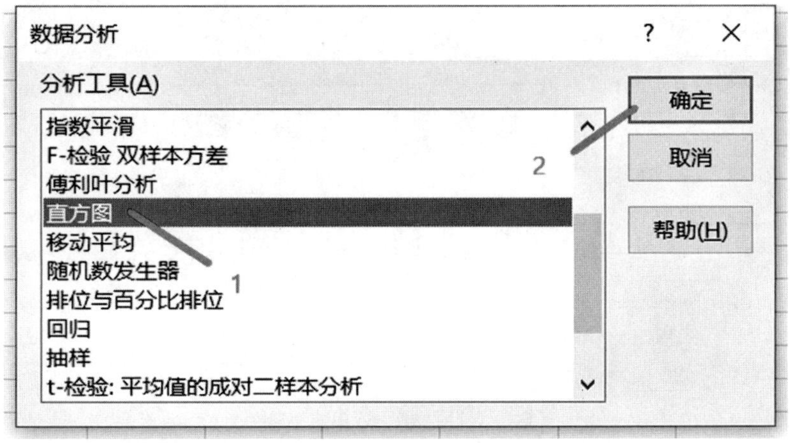

图3-1-9　选定数据分析工具

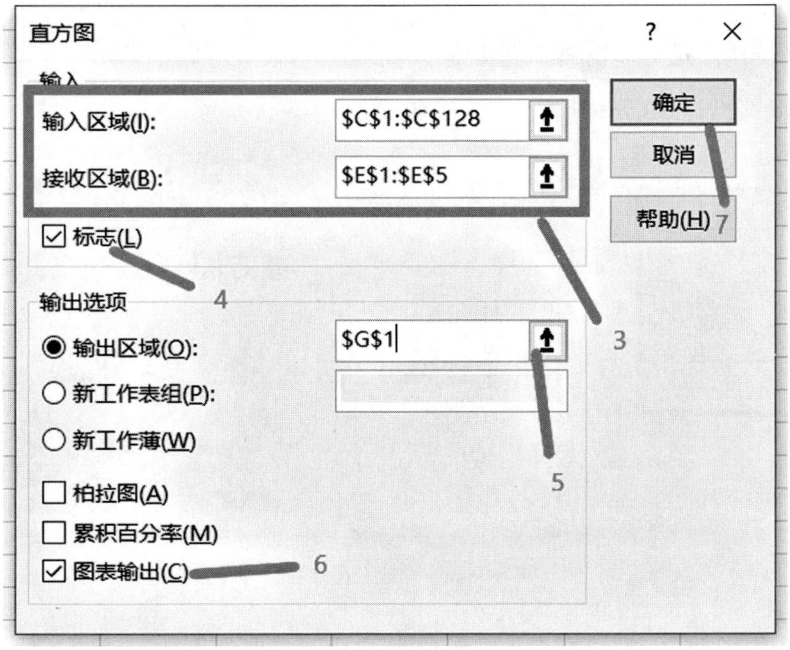

图3-1-10　设置数据分析条件

其中：

输入区域选择员工年龄所在单元格范围。

接收区域选择刚刚在E列设置的分段点。

因为数据包含标题，所以这里勾选“标志”。

输出区域选择G1单元格。

完成后，勾选“图表输出”，单击“确定”，即可生成默认效果的直方图和一个列表。

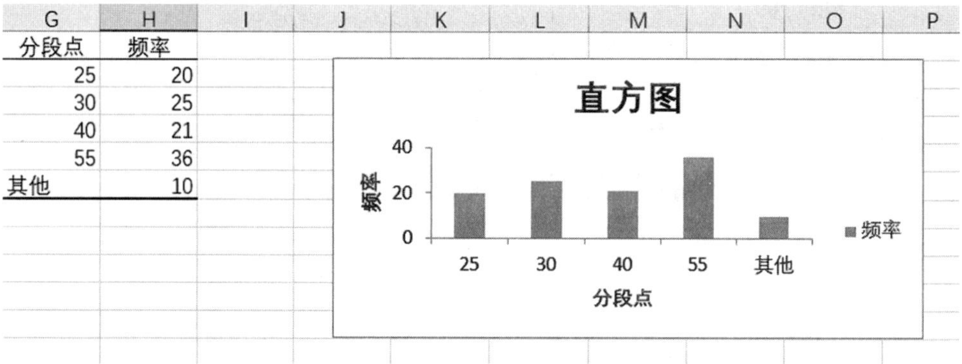

图3-1-11　默认效果直方图

3.步骤三：修改直方图样式

生成图表后，进一步对样式进行修改。

把G列的分段点修改一下，图表水平轴更加直观：

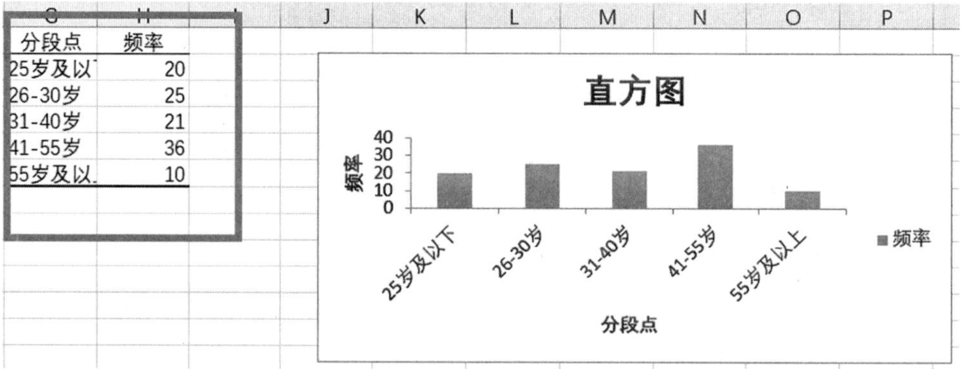

图3-1-12　修改分段点名称

删除图表图例项，然后双击“数据系列”，设置分类间距为2%左右。

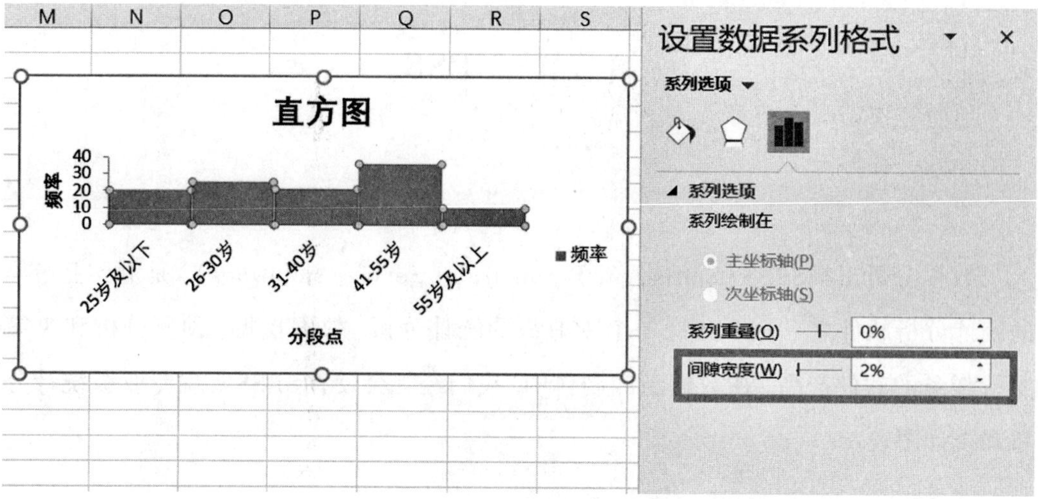

图3-1-13　修改间隙宽度

最后，设置一下图表颜色和比例。

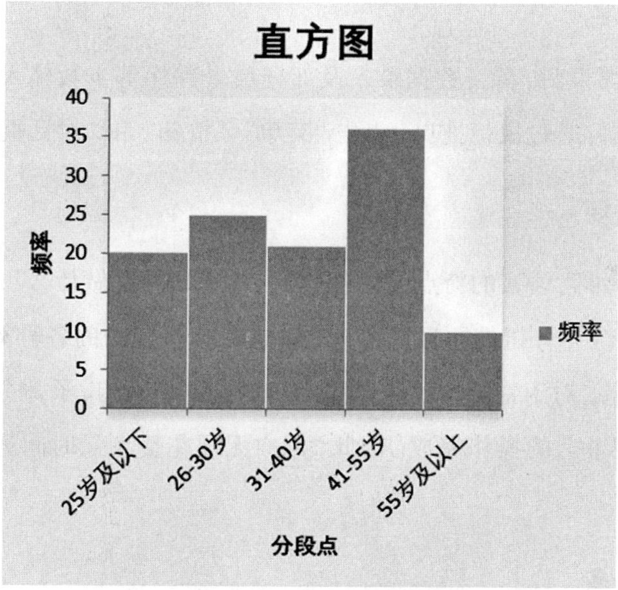

图3-1-14　美化直方图

需要注意的是，分析工具是一个加载项，要使用它来分析数据，需要先添加加载项。

如果你使用的是Excel 2016或者是最新的Office 365，也可以在“插入”选项卡下直接选择内置的直方图图表类型。

第二节 SPSS

一、介绍

数据分析工具SPSS（Statistical Product and Service Solutions），是世界上最早的统计分析软件之一。SPSS是一个专业级的统计分析、数据挖掘、预测分析和决策支持任务的软件产品。在数据新闻制作中，我们经常会使用SPSS实现专业级统计分析和统计图表。

二、优点

（一）操作简便

SPSS界面非常友好，除了数据录入及部分命令程序等少数输入工作需要键盘键入外，大多数操作可通过鼠标拖曳、点击“菜单”“按钮”和“对话框”来完成。

（二）编程方便

SPSS具有第四代语言的特点，用户只需告诉系统“要做什么”，而无须告诉“怎样做”。只要了解统计分析的原理，用户无须通晓统计方法的各种算法，即可得到需要的统计分析结果。对于常见的统计方法，SPSS的命令语句、子命令及选择项的选择绝大部分由“对话框”的操作完成。因此，用户无须花费大量时间记忆大量的命令、过程、选择项。

（三）功能齐备

SPSS具有完整的数据输入、编辑、统计分析、报表和图形制作等功能，自带11种类型136个函数。SPSS提供了从简单的统计描述到复杂的多因素统计分析方法，比如数据的探索性分析、统计描述、列联表分析、二维相关、秩相关、偏相关、方差分析、非参数检验、多元回归、生存分析、协方差分析、判别分析、因子分析、聚类分析、非线性回归和Logistic回归等。

（四）数据接口丰富

SPSS能够读取及输出多种格式的文件。例如，由dBASE、FoxBASE、FoxPRO产生的*.dbf文件，文本编辑器软件生成的ASCⅡ数据文件，Excel的*.xls文件等均可转换成可供分析的SPSS数据文件。SPSS能够把SPSS的图形转换为7种图形文件，结果可保存为*.txt及HTML格式的文件。

（五）模块组合灵活

SPSS for Windows软件分为若干功能模块。用户可以根据自己的分析需要和计算机的实际配置情况灵活选择。

（六）针对性强

SPSS针对初学者、熟练者及精通者都比较适用。很多群体只需要掌握简单的操作分析，因此其大多青睐于SPSS。

三、使用范围

（一）数据管理与结果报告

SPSS可以实现在变量视图里直接编辑变量，包括变量名、类型、宽度、小数位数、标签值和缺失值等。

具体数据管理的功能如下：

（1）排序：对数据进行排序，可以选择多个变量，先按照第一个变量排序，若相同则按照第二个变量排序。

（2）分解、合并：根据分类变量或者其他条件进行分解、合并，在原数据上增加变量或者个案。

（3）转置：将原来的数据变成变量。

（4）加权：根据频数对数据进行加权，会在右下角显示。

（5）生成新的变量：产生计数变量，对变量进行条件计数，得到计数变量。

（6）重新赋值：对原来的数据进行重新赋值，或者生成新的变量。

（7）求秩：求原数据根据某种条件的个案的排名变量。

（二）统计建模

统计建模是通过利用各种统计分析方法，对批量数据建立统计模型和探索处理的过程，用于揭示数据背后的因素，诠释社会经济现象，或对经济和社会发展做出预测和判断。

（三）Classification Tree模块

用户能够在SPSS环境下直接创建分类决策树，发现群体之间的关系并预测未来事件，可以用于分段、分层、预测、数据降维、变量筛选、类型合并，以及连续变量离散化，可以直观展现分类结果，被广泛应用于数据库营销、市场研究、信用风险评分、项目目标和公共部门营销等领域。

四、注意事项

（1）数据要明确出处，数据质量检查、数据基本描述都应该有，数据各项的单位也需要明确。

（2）报告应明确分析目的，分析方法要选用适当。

（3）分类变量不能做线性相关或回归分析。

（4）一些分析方法要求变量标准化。

五、案例实践

回归分析是应用广泛的数量分析方法，用于分析变量之间的数量变化规律，并通过回归方程的形式描述和反映这种关系，帮助人们准确把握变量受其他一个或多个变量影响的程度，进而为预测提供科学依据。回归分析的核心目的是找到回归线。

现在有一个公司的销售表，如果想看一下商品种类与商品销售数量之间的线性相关关系，相关步骤如下：

（1）分析步骤：从分析的工具栏中选择“回归”→“线性”。

图3-2-1　选择线性回归工具

（2）将商品销售量设为因变量，自变量为商品上架种类数，然后点击右侧的“统计量”选项。

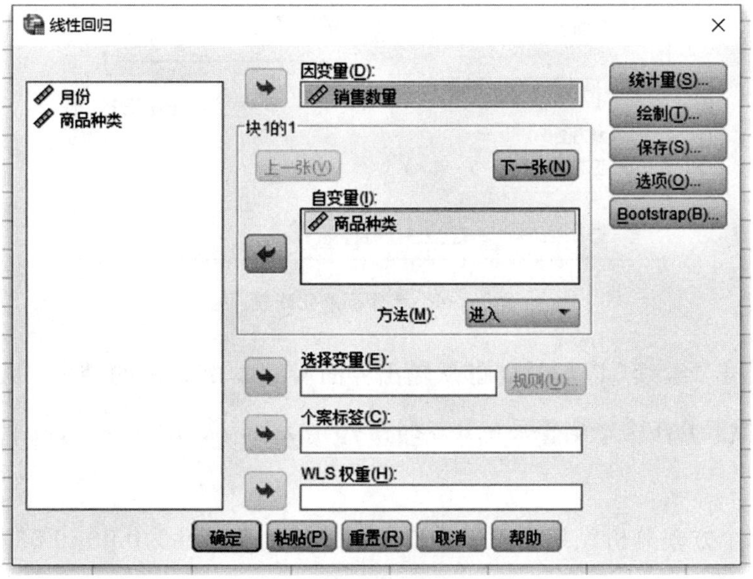

图3-2-2　选择因变量与自变量

（3）在统计量里面选择D-W检验，查看回归模型是否有问题。

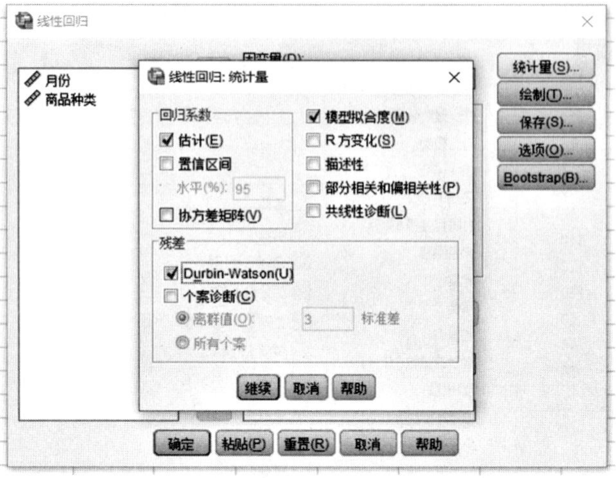

图3-2-3　选择D-W检验

（4）选择输出残差直方图与正态概率图，通过这个图来大致确定数据是否存在自相关等情况。

图3-2-4　选择标准化残差图

（5）点击“继续”以后就能够从输出界面看到本次分析的结果。从结果图中可以看出，不管是R方还是调整后的R方都在90%以上，说明本次回归模型的拟合效果很好。

从第二个方差分析结果图可以看出方差分析的显著性为0.00<0.05，说明在本次分析中上架商品种类数和商品销量之间存在显著的线性关系。

SPSS系统内自动生成的表，非自制。手动敲了一遍，排版时请按照截图内的样式，原样呈现表格。

模型汇总[b]

模型	R	R方	调整R方	标准 估计的误差	Durbin-Watson
1	.957[a]	.915	.907	153.080	1.683

a.预测变量:(常量),商品种类
b.因变量:销售数量

Anova[a]

模型		平方和	df	均方	F	Sig.
1	回归	2537090.233	1	2537090.223	108.268	.000[b]
	残差	234334.777	10	23433.478		
	总计	2771425.000	11			

a.因变量:销售数量
b.预测变量:(常量),商品数量

图3-2-5　变量分析结果

（6）从输出的残差图中也可以看出残差的分布没有呈现出明显的规律性，说明此题的数据不存在自相关等情况，本次的回归模型不用进行其他操作，可以直接使用。

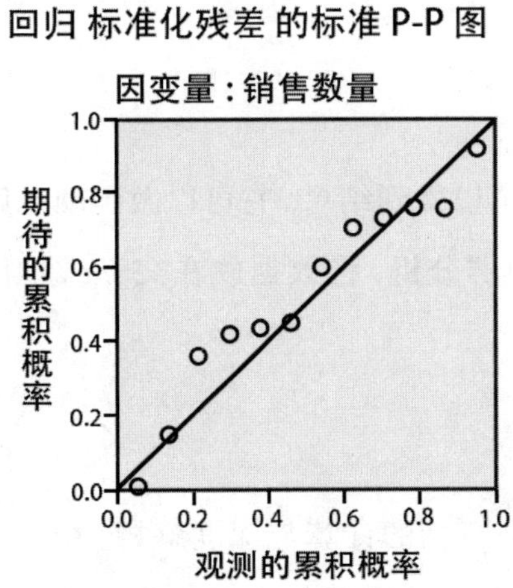

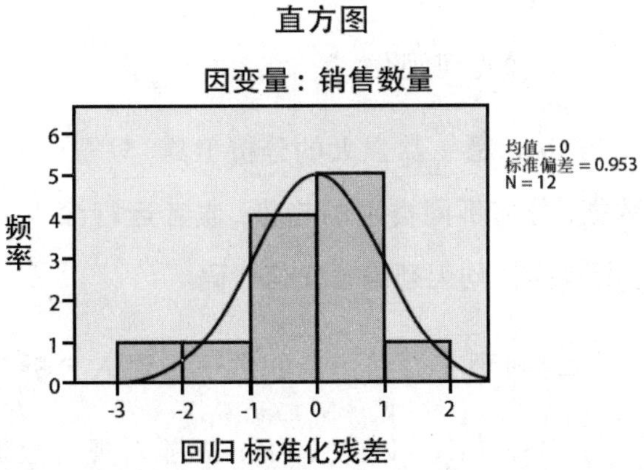

图3-2-6　结果直方图与折线图

第三节 Tableau

一、介绍

Tableau是一个数据发现、数据分析和数据叙事的工具。Tableau将数据运算与美观的图表完美地结合在了一起。它方便地实现了数据联接，无须编程就可以创建地图、条形图、散点图和其他图形，还可以制作数据地图等。这一软件的理念是，界面上的数据越容易操控，用户对自己的决策与制作的内容就能了解得越透彻。

二、优点

（1）数据探索，快速出图。从数据到图表，Tableau所需的操作是最少的。对提出的问题，用户借助Tableau可以快速地在数据中找到答案。

（2）协作方便。使用Tableau之后，需求沟通环节变得无比简单，甚至可直接忽略，配置人员仅需简化、调优Demo中的实现逻辑即可。

三、使用范围

（一）数据可视化

Tableau是一款强大的分析工具，只需点击就可以得到结果。它可以做到动态筛选数据，分离不同类别的趋势，或者运行深入的组群分析、将数据放在交互式地图上。所有操作均无须编写任何代码。

（二）对现有数据信息的进一步深入分析

与SPSS和Excel类似，Tableau能对现有数据进行新的计算与深度解析。用户可以通过拖放参考线和预测、生成盒须图，查看数据的统计汇总，也可以使用趋势分析、回归、关联等众多功能。

（三）元数据管理

Tableau能简化、解释数据所蕴含的意义，方便他人进行理解，赋予现有数据更多意义。用户可以重命名字段并修改数字格式，将数据拆分成多个字段或将字段合并为组。只需选择点组，即可创建数据的子集，也可以利用这些集合筛选其他视图。

（四）自然语言处理

此功能正在开发中。

四、注意事项

（1）关注关键数据的属性以及数据来源。通过Tableau可轻松将来自多个不同源的数据聚合、联接和混合到一个输出中，因此有必要确保为每个报告明确关键的SOX报告属性。还需要确定与这些关键属性相关的所有数据源自何处。对数据的评估不仅要在原始源进行，还要在整个集成和暂存区域阶段持续进行。

（2）使用可视化时，要验证关键报告是否完整和准确。

（3）如果Tableau开发人员屏幕分辨率与用户屏幕分辨率不同，则会分发仪表板的布局。例如，如果仪表板是在1920×1080的屏幕分辨率上创建的，但在2560×1440的屏幕分辨率上查看，那么仪表板的布局将被破坏一点，后者的仪表板没有响应。因此，需要以不同方式为桌面和移动设备创建仪表板。

五、案例实践

（一）Tableau趋势线制作

趋势线用于预测变量的某些趋势的延续。它还有助于通过同时观察两个变量的趋势来识别两个变量之间的相关性。有许多用于建立趋势线的数学模型。Tableau为我们提供了四个选项，分别是线性、对数、指数和多项式。

Tableau使用一次性维度和一个度量字段来创建趋势线。使用Sample-superstore，可以找到下一年度量销售的价值的趋势。为了实现这个目标，需遵循以下步骤：

1.步骤1：导入数据并选择图形参考样式

将维度Order date拖动到列Shelf，将度量Sales拖动到行Shelf。选择图表类型为折线图。在“Analysis”（分析）菜单中，转到“Model”（模型）→“Trend Line”（趋势线）。点击它会弹出一个显示可以添加的不同类型的趋势线。我们选择线性模型如图3-3-1所示。

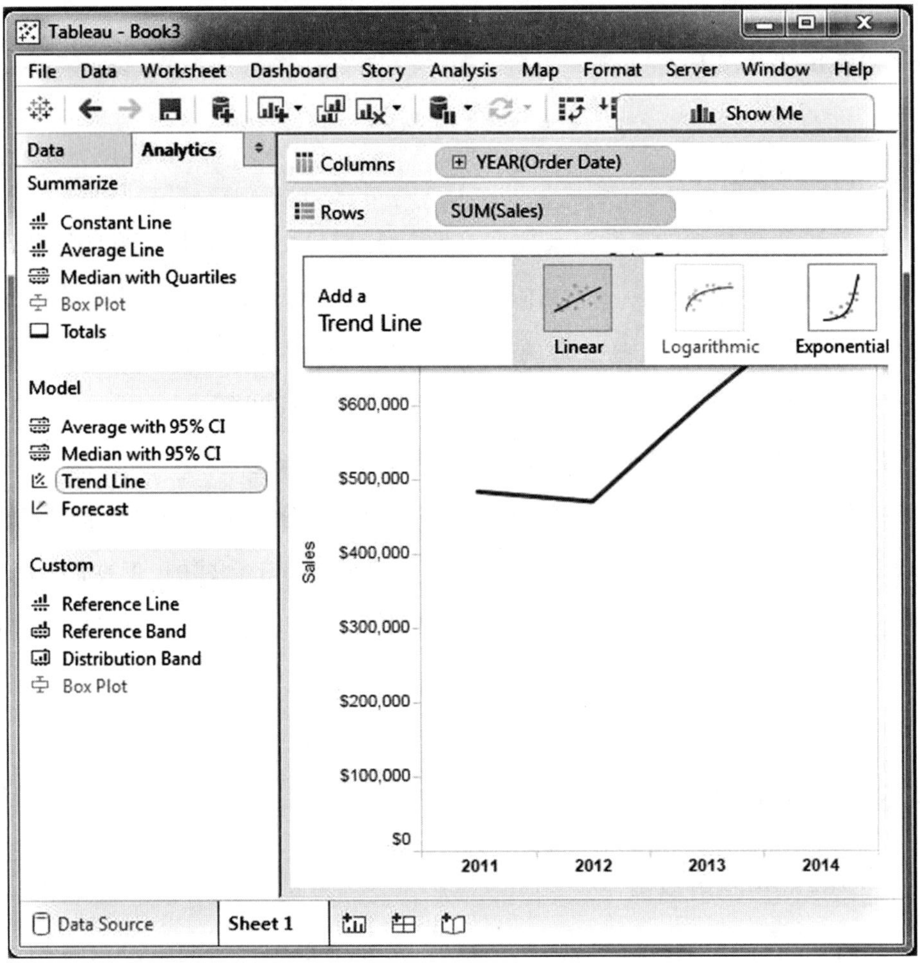

图3-3-1 线性模型

2.步骤2：理解趋势线的描述含义

完成上述步骤后，我们得到了各种趋势线。它还显示了字段之间的相关性的数学表达式、P值和R平方值。

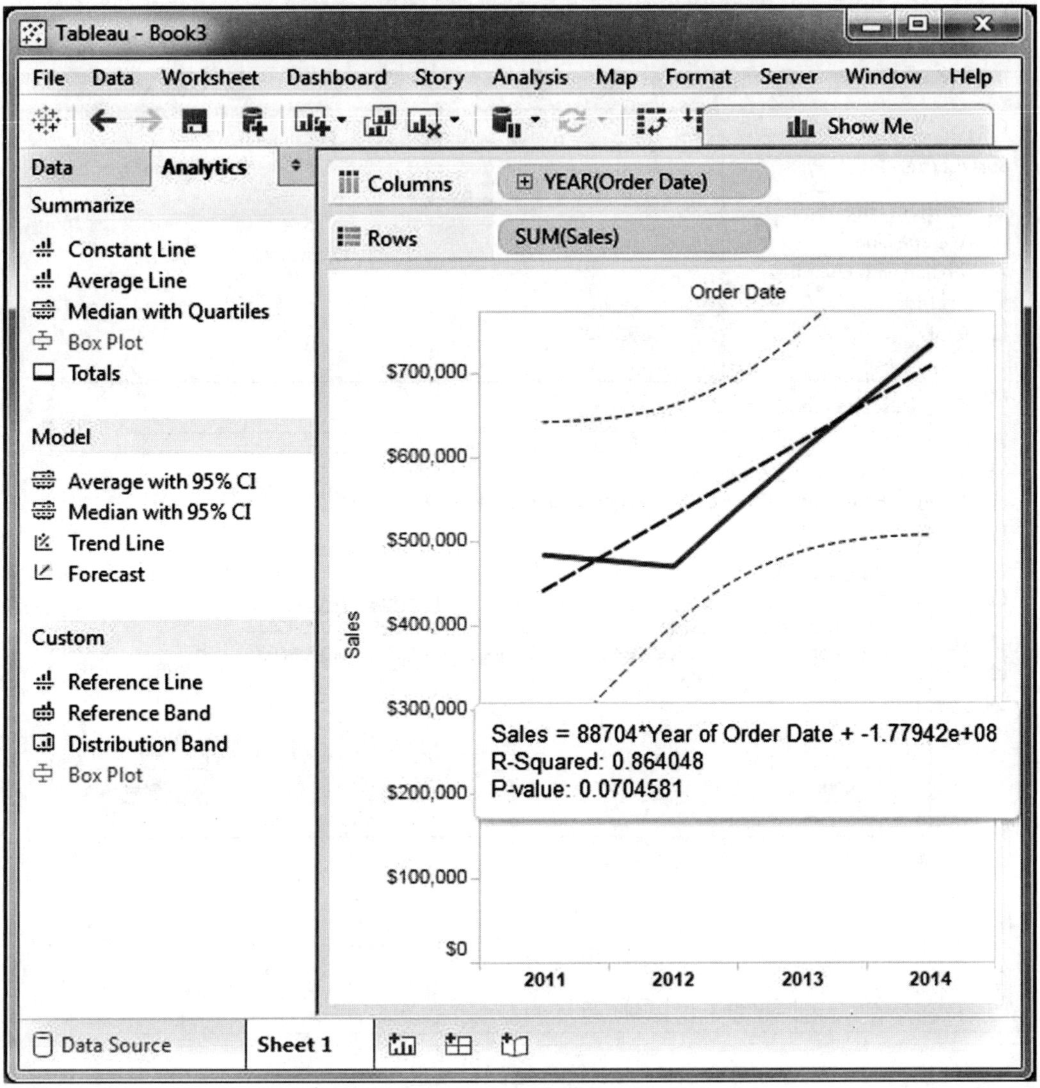

图3-3-2　趋势线

我们还可以通过右键单击图表并选择“Describe Trend Line”（描述趋势线）选项来获得关于趋势线图非常详细的描述。它可以显示系数、截距值和方程。这些详细信息也可以被复制到剪贴板并用于进一步分析。

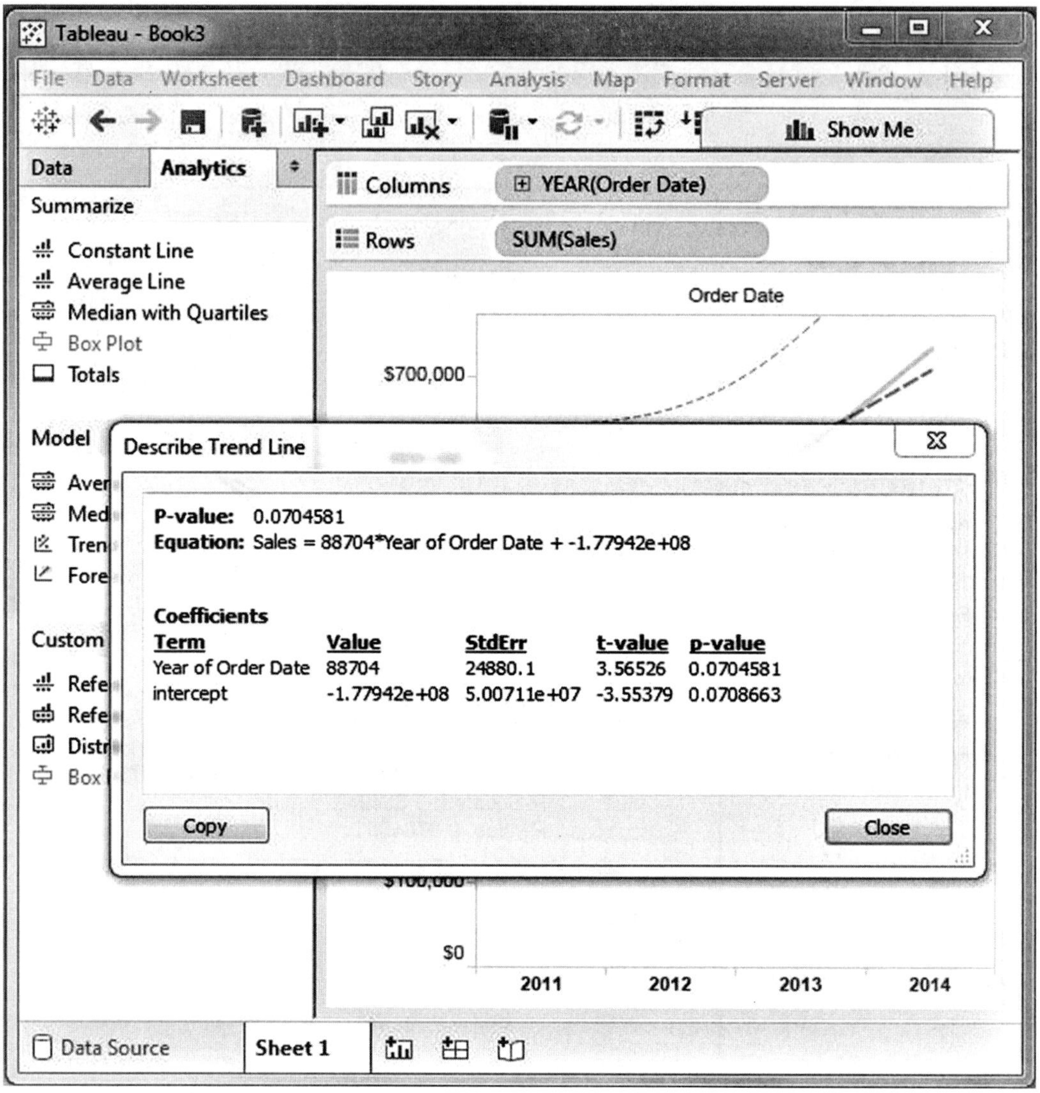

图3-3-3　趋势线描述

（二）Tableau预测

预测是关于预测度量的未来价值。有许多数学模型用于预测。Tableau使用已知为指数平滑的模型。在指数平滑中，最近的观察给出了比旧观察相对更重的权重。这些模型捕获数据的演变趋势或季节性，并将它们推广到未来。预测的结果也可以成为可视化中创建的字段。

Tableau使用一次性维度和一个度量字段来创建预测。使用Sample-superstore，可以预测下一年度量销售的价值。为了实现这个目标，需遵循以下步骤：

1.步骤1：创建折线图进行数据预测

创建一个折线图，其中，“Columns”（列框架）中有“YEAR（Order Date）”（订单日期-年份），“Rows”（行框架）中有“SUM（Sales）”（合计销售额）。转到如图3-3-4所示的“Analytics”（分析选项卡），然后单击“Model”（模型）下的“Forecast”（预测）。

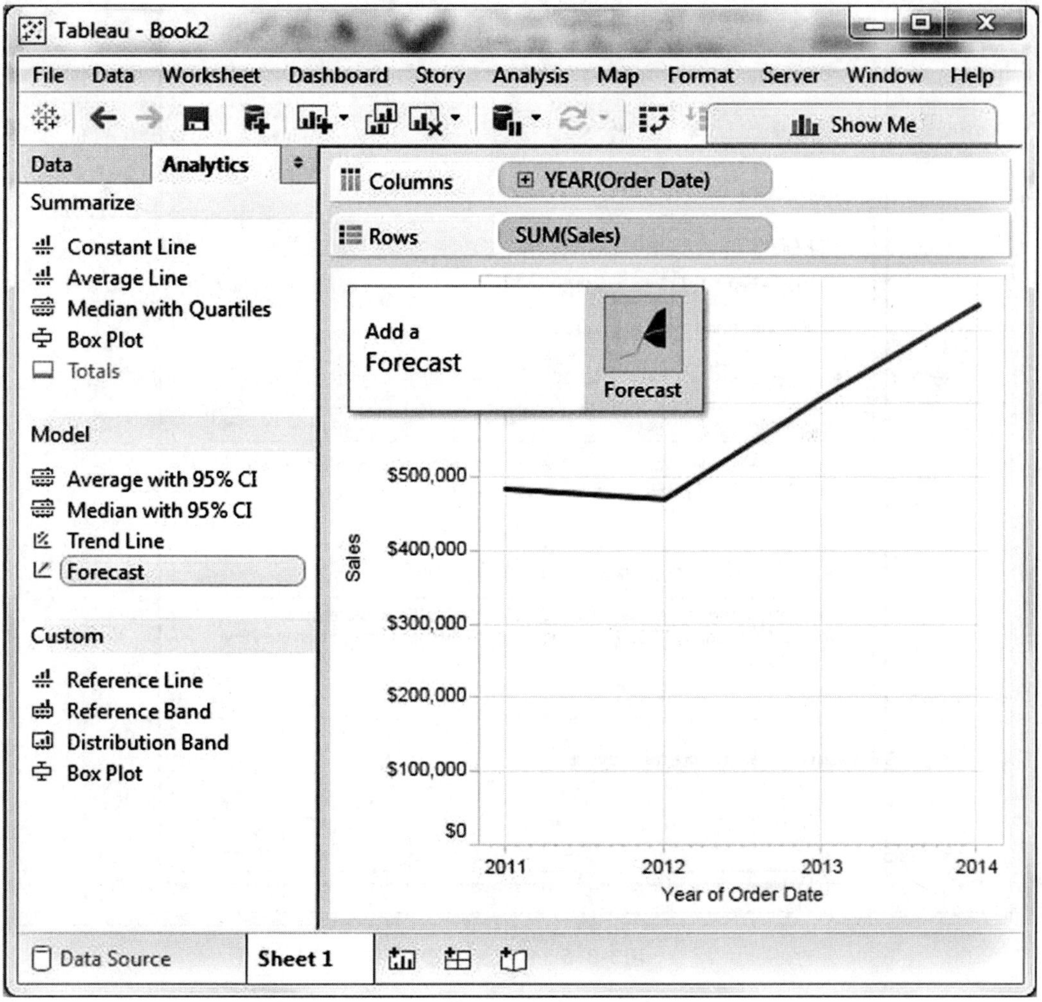

图3-3-4 折线图预测

2.步骤2：配置预测选项

完成上述步骤后，可以在“Forecast Length”（预测选项）中进行各类设置。例如，选择“Forecast Length”（预测长度）为2年，并将“Forecast Model”（预测模型）选定为“Automatic”（自动），如图3-3-5所示。

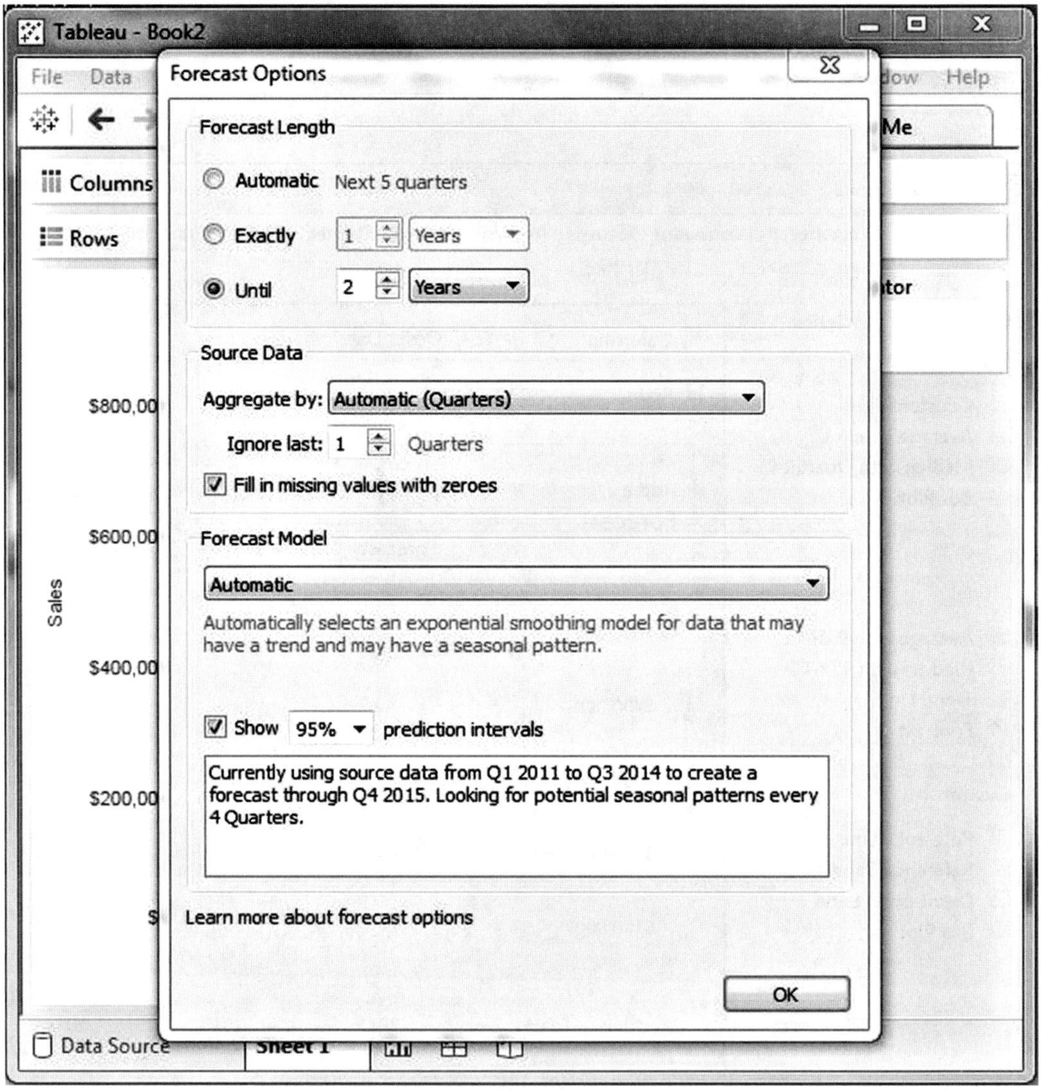

图3-3-5 保存预测模型

完成上述步骤后，得到最终的预测结果如图3-3-6所示。

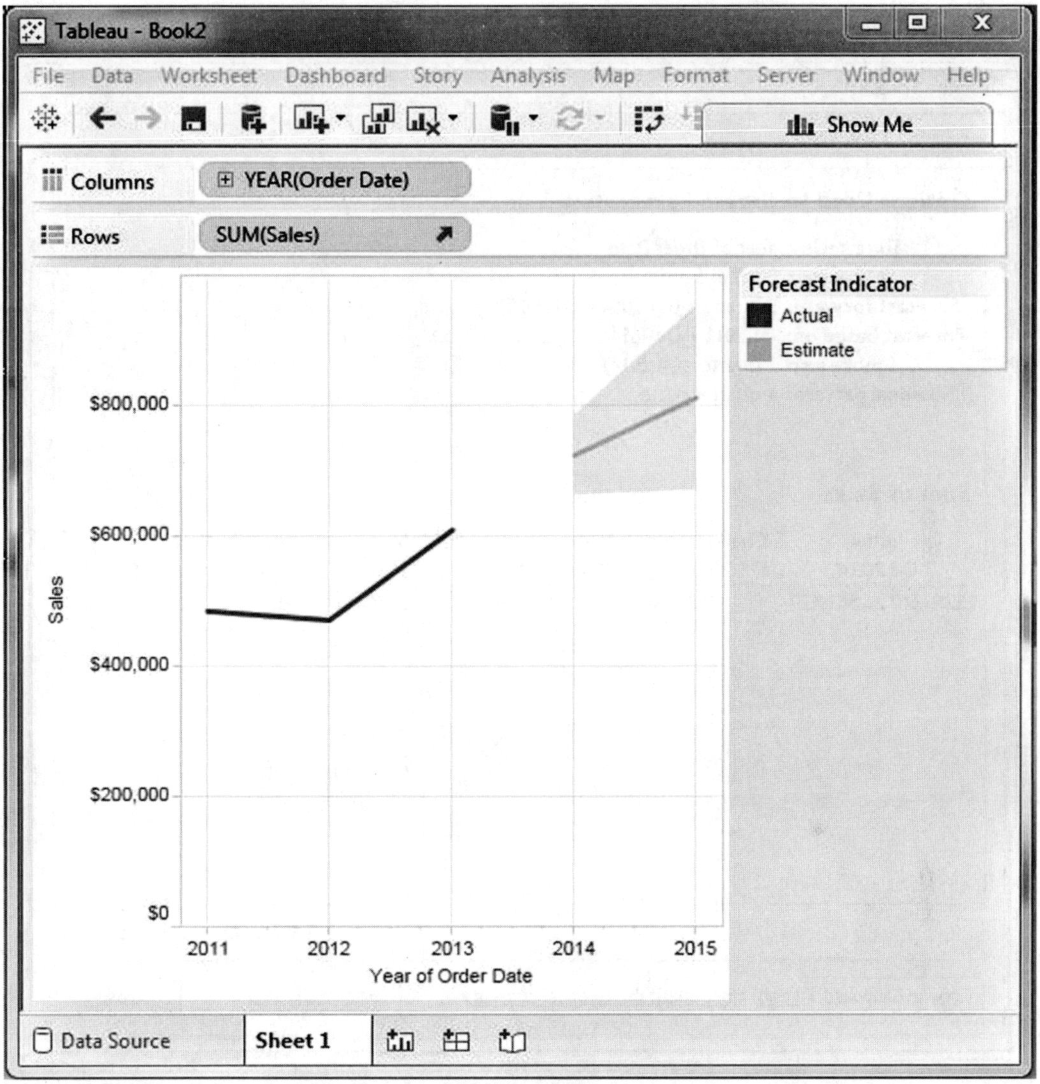

图3-3-6　最终预测结果

3.步骤3：得到预测结果

可以通过选择"Describe Forecast"（描述预测）来获取预测模型的详细信息。鼠标停留在图3-3-6的图表位置，单击右键，即可得到前述选项。

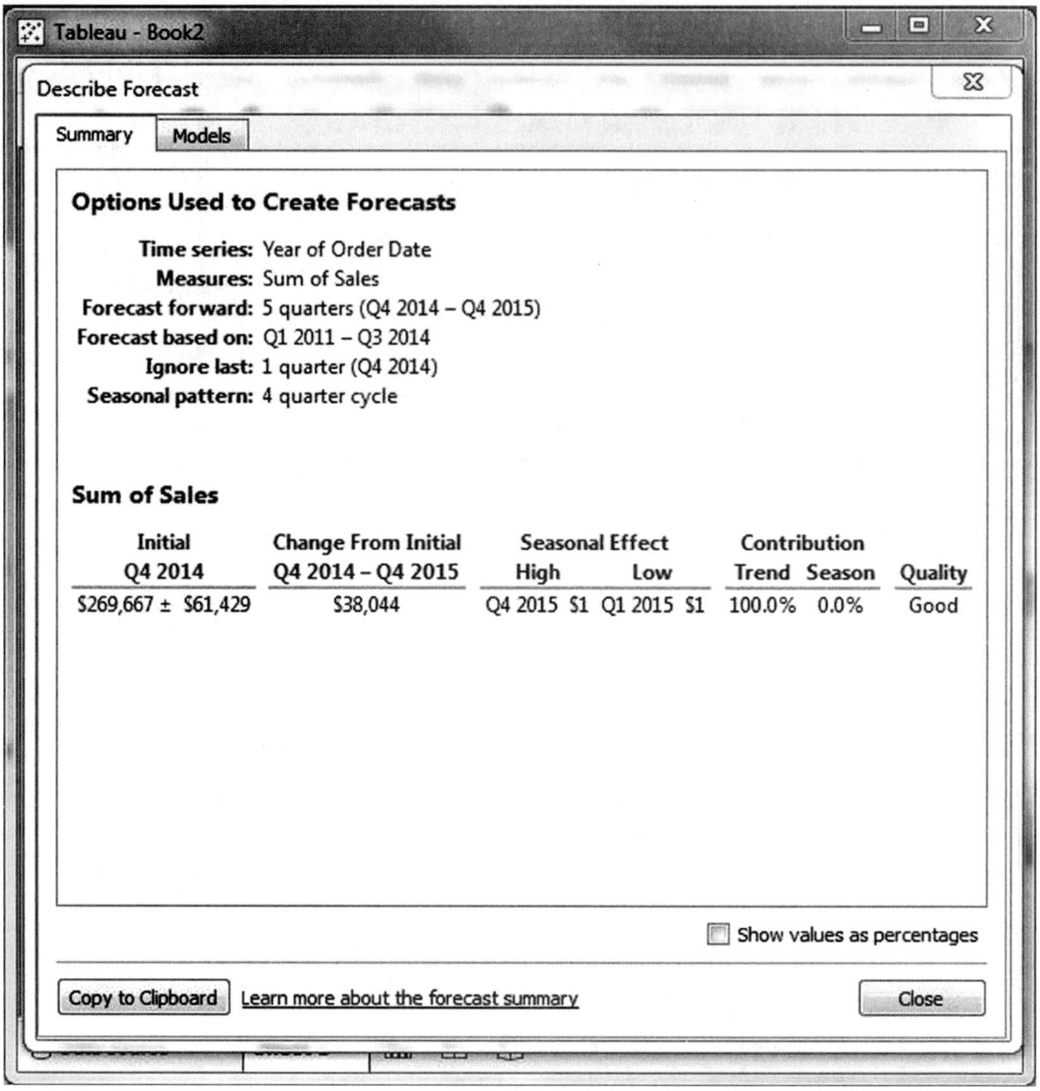

图3-3-7　预测结果描述

以上是Tableau的简单使用方法，如果希望继续学习，也可以通过Tableau的官方网站，掌握进阶功能。

第四章 数据呈现方法

CHAPTER 4

完成了数据搜集、数据清洗之后，进入数据呈现步骤，即对经过处理的可用数据进行可视化处理。

本章将对数据呈现中“色彩”这一要素进行阐释，从色彩知识、配色工具两个角度进行介绍。在此基础上，介绍常用于数据可视化制作的绘图软件、编程语言，展示其操作要点。利用绘图软件、编程语言，是自主性较高的、原创性较强的数据可视化制作途径。

第一节　色彩选择

一、色彩的基本常识

对数据结果进行视觉化设计的第一步是为其选择合适的颜色。这不仅会使网页与图片看起来更加美观，还能通过颜色传达潜在含义，例如，蓝色和红色大多意味着性别，蓝色和绿色能够让人联想到健康与医疗，表示中国通常使用红色等。

为了使颜色的搭配更加美观，首先要了解关于色彩的基本常识。每种颜色都有色相（Hue）、饱和度（Saturation）、亮度（Brightness/Value）三要素，即Photoshop拾色器上的H、S、B三个参数。

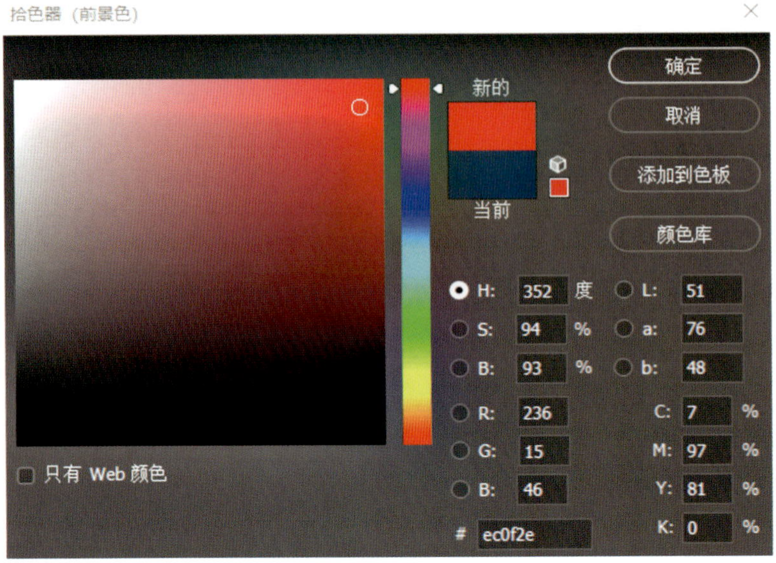

图4-1-1 Photoshop拾色器

色相表示颜色的类型，我们可以形象生动地称其为颜色的“相貌”。色相是区别各种不同色彩的标准，取值范围为0～360，每一个值代表一种颜色。保持其他不变，拖动Photoshop拾色器上的色相条，可以看到H的数值发生了变化，S和B不变。我们常用色轮来表示不同的色相。

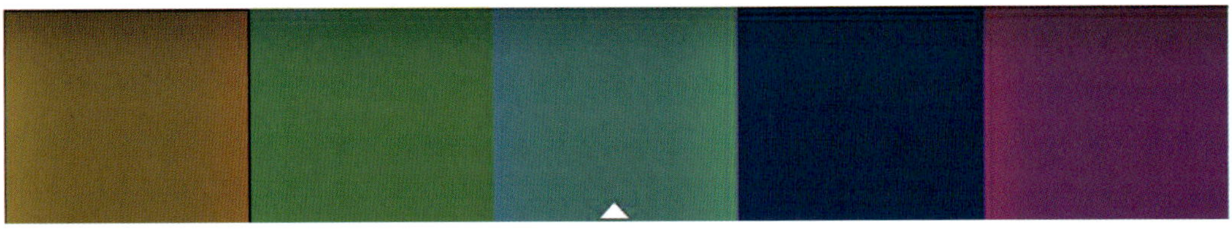

图4-1-2 不同H值的五种颜色

饱和度也称纯度，表示色彩的鲜艳程度，取值范围为0~1。饱和度越大，颜色越艳丽；饱和度越小，颜色就越接近灰色。在Photoshop拾色器上水平移动光标，S的数值会发生变化，H和B保持不变。

图4-1-3 不同S值的五种颜色

明度表示颜色的明亮程度。明度的取值范围为0~1，0表示黑色，1表示特定饱和度的颜色。在Photoshop拾色器上垂直移动光标，B的数值会发生变化，H和S保持不变。

图4-1-4　不同B值的五种颜色

一般来说，高饱和度和高明度的色彩会带来较强的视觉冲击，但是如果在一幅作品中这样的色彩过多，很容易造成读者审美疲劳。

常见的“莫兰迪色系”就是指饱和度不高的灰系颜色，来自意大利艺术家乔治·莫兰迪（Giorgio Morandi）的一系列静物作品命名的色调。这样的处理，给人以温柔静谧的舒适感，不易造成审美疲劳。但这样的处理会使信息表达的可视性降低，不适合用作重要信息的强调。

除此之外，需注意的是，电子图片通常选择RGB模式（Red–Green–Blue），而印刷品则多用CMYK模式（Cyan–Magenta–Yellow–blacK）。

下面将介绍几种工具，以帮助数据新闻从业者在图表制作前找到符合主题且视觉体验最舒服的颜色。

二、Adobe Color CC

（一）概述

Adobe Color CC是一款网页版在线取色工具，方便帮助设计者找到最适合的颜色主题。用户可以上传相片和影像，从图像中产生具有关联性的调色盘，或是从Behance和Adobe Stock中其他创作人的作品中获取有关颜色搭配的灵感。

色彩主题将自动同步至Creative Cloud，并且可立即在桌面和行动应用程式的资料库面板中使用。与其他取色工具不同的是，作为Adobe的产品之一，Adobe Color 允许用户存取色彩调和引擎，并用于Adobe系列产品中。

官方网站：https：//color.adobe.com/。

（二）优点

（1）色彩主题下载格式丰富：支持ASE、LESS、CSS、SASS 和XML格式。

（2）用户通过“探索”索引标签，可以欣赏社群、Behance和Adobe Stock色彩主题的精选摘要，或者依据标题、标签、颜色和十六进位码搜寻色彩主题，借鉴全世界优秀设计师的灵感。

（3）色彩主题支持立即被转换成用于印刷、纺织和制造业的Pantone® 色彩。

（三）使用范围

（1）查找颜色代码；

（2）吸取图像中的颜色；

（3）寻找颜色设计灵感；

（4）自己设计颜色主题。

（四）案例实践

1.建立色彩主题

Adobe Color主页点击进入就是一个色轮，网页左侧提供了色彩选择的预设集，这些预设集都是根据色彩理论规则所设定的，套用的色彩规则根据所选取的基色而定。

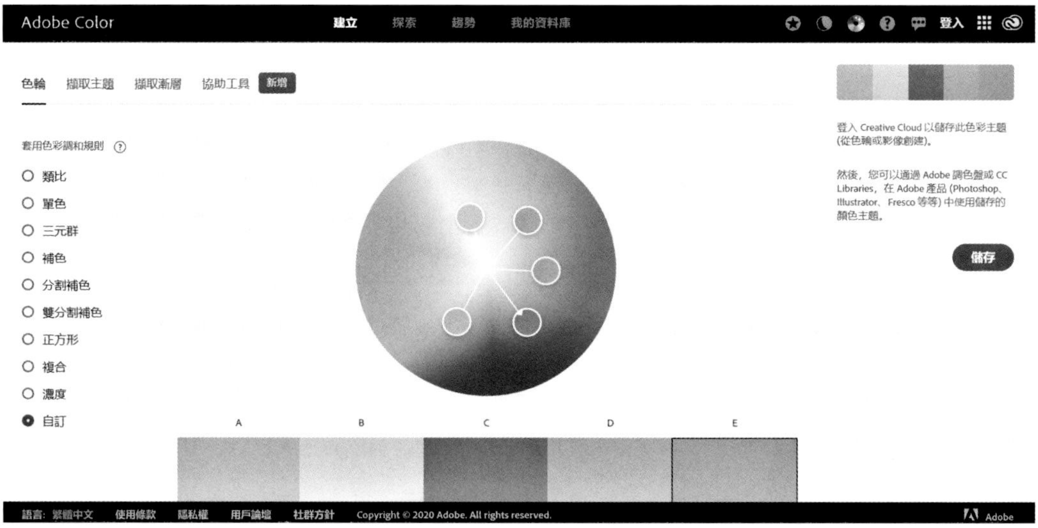

图4-1-5　Adobe Color主页

（1）单色配色。

单色配色，即选取一种色相，通过调节饱和度（S）和明度（B）来实现色彩的多种变化。低饱和度可以增加色彩的透气性，低明度又能带来厚重的感觉。这样不同的饱和度和明暗变化可以使画面更具层次感和立体感，单一的色相又能保证画面色彩的统一性，避免出现“乱”的感觉。

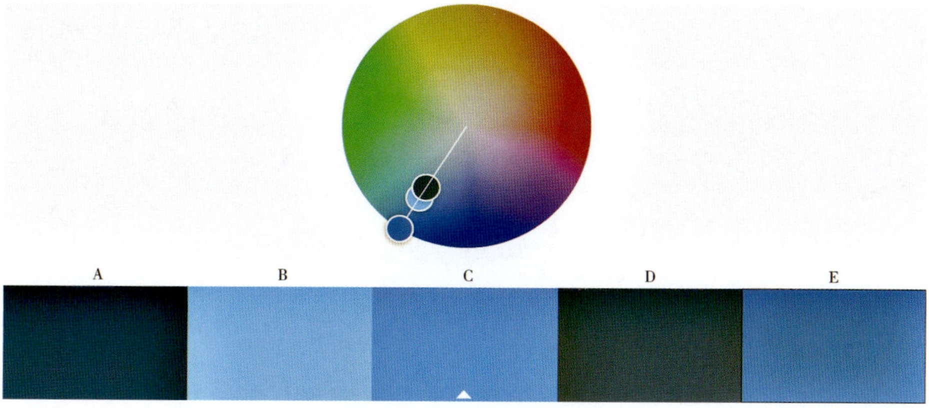

图4-1-6　单色配色示例

但是，一个信息图表中如果仅有一种色相，就有可能产生枯燥、单调的感觉。更重要的是，读者难以从单一的颜色中分辨出哪些信息是重点。所以，在信息图表设计中，设计者往往会在同色系配色的基础上，根据信息表达的需要加入一些其他的色相。

（2）类比配色。

类比配色又称相邻色、相似色、类似色、近似色。使用色轮中相近的色彩进行搭配，可以让画面色彩和谐的同时又不至于单调。

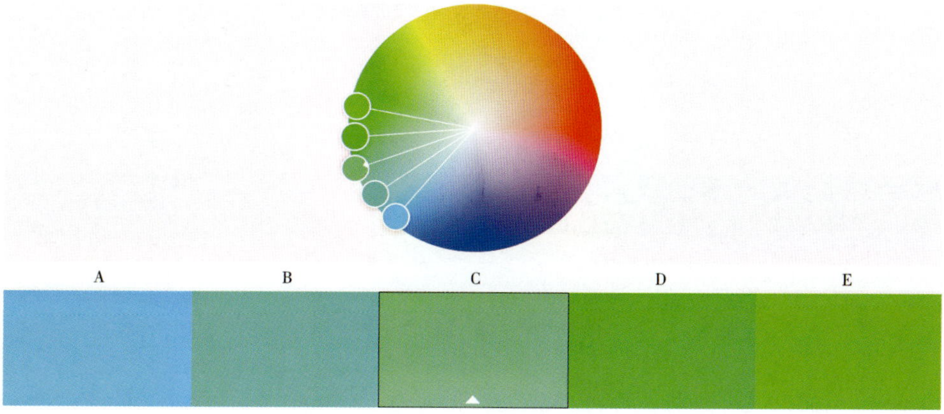

图4-1-7　类比配色示例

（3）互补色配色。

互补色，又称补色、对比色，是色环中相互距离最远（180 度）的颜色。互补色的搭配能呈现出活泼或者冲突的氛围，同时强烈的对比会给人带来视觉上的冲击，增强可视性。通常，我们会选择互补色中的其中一个当作大面积主色，另一个用来突出需要强调的内容。

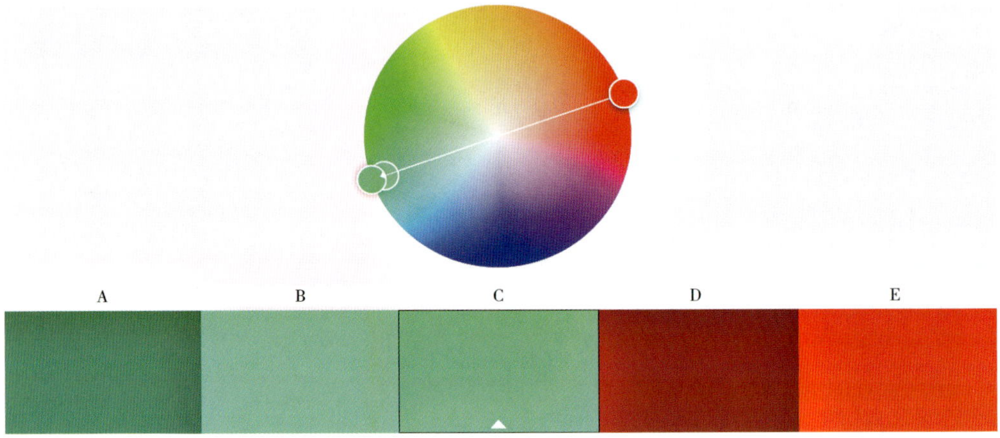

图4-1-8　互补色配色示例

（4）复合配色。

复合颜色主题是互补和相似颜色的混合。复合色主题与互补色主题具有相同的强烈视觉对比度，但压力较小。

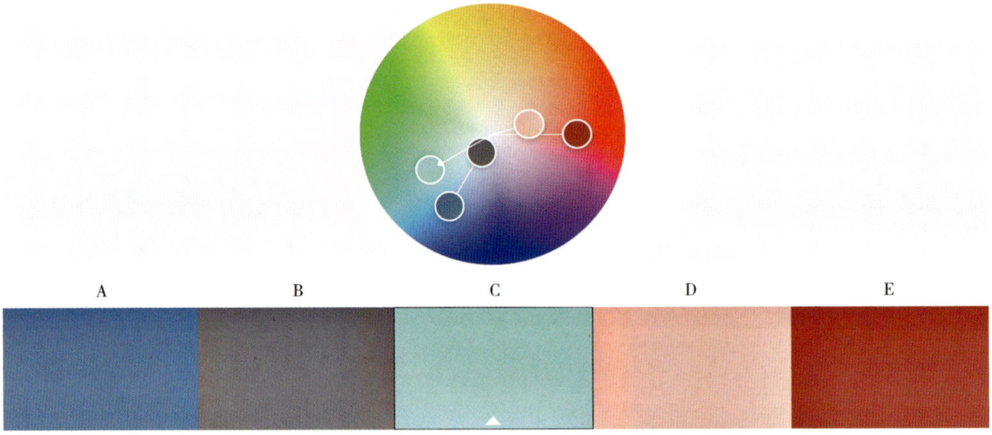

图4-1-9　复合配色示例

（5） 三角配色（三元群）/矩形配色（正方形）。

如果画面需要更多的色彩来丰富，也可以选择三角配色或矩形配色。矩形配色是在色环中以十字形取得四色（两组互补色），三角配色即取色环中彼此等距的三个色相。

和互补色配色一样，三角配色和矩形配色也是选择其中一个作为主色，其他颜色作为强调或点缀。这样较为强烈的对比可以带来更多的信息量和视觉冲击，但也要注意防止因画面颜色较多带来的信息混乱和视觉疲劳。

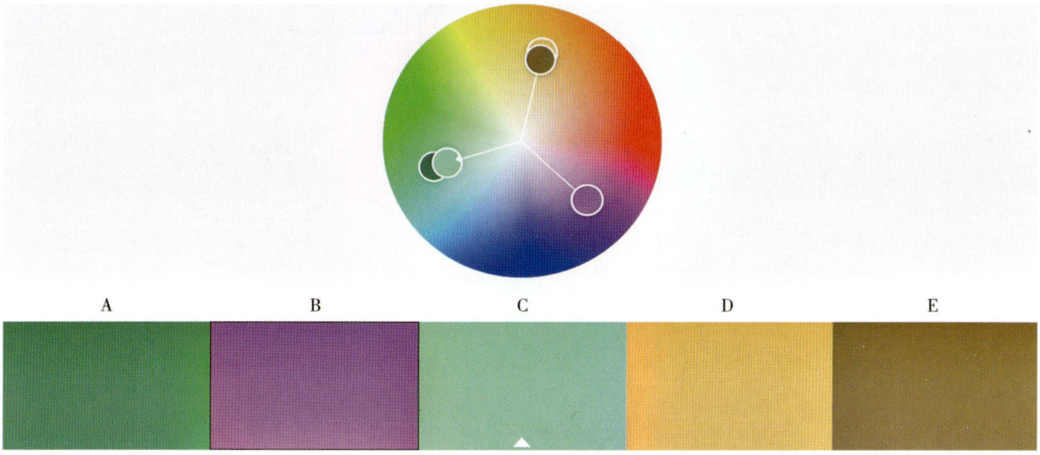

图4-1-10　三元群配色示例

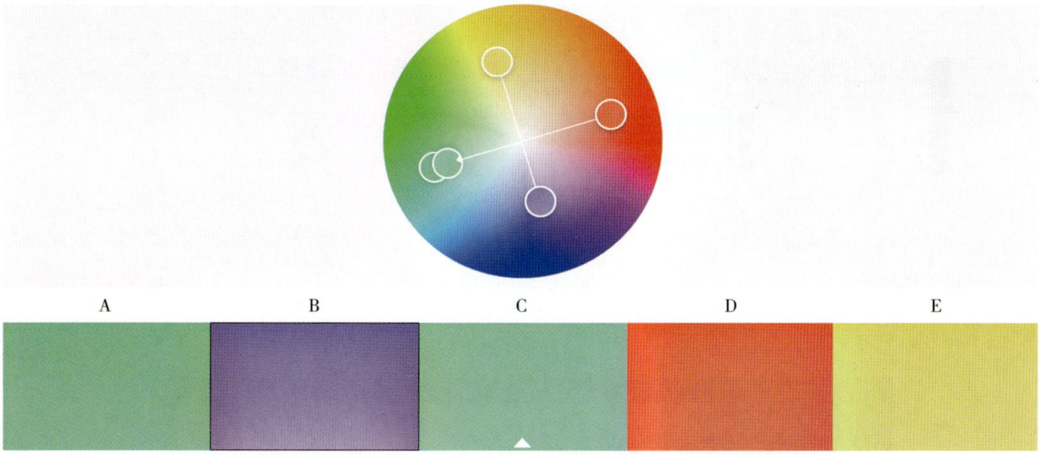

图4-1-11　正方形配色示例

（6）自定义。

自定义模式支持不受任何规则控制，手动选择调色板中色轮上的颜色。如果有优秀的创意，可以在此模式中进行尝试。

2.从影像中抽取颜色

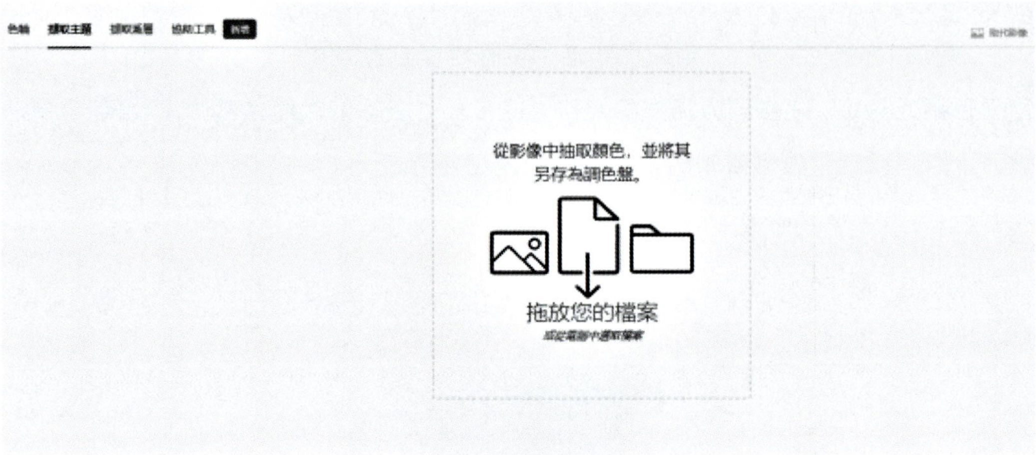

图4-1-12　抽取颜色功能页

点击上方索引标签即可进入此项功能。

通过上传影像，用户可以自由地选取影像中的色彩，搭配自己的色彩主题。Adobe Color CC还支持从影像中抽取渐变色彩进行存取。

3.寻找色彩创意

点击页面上方“探索”“趋势”两标签，即可查看推荐设计。

图4-1-13　页面标签

在“探索”页面，使用颜色、情境或者关键词搜寻，Adobe Color CC会推荐一些颜色搭配供你选择。

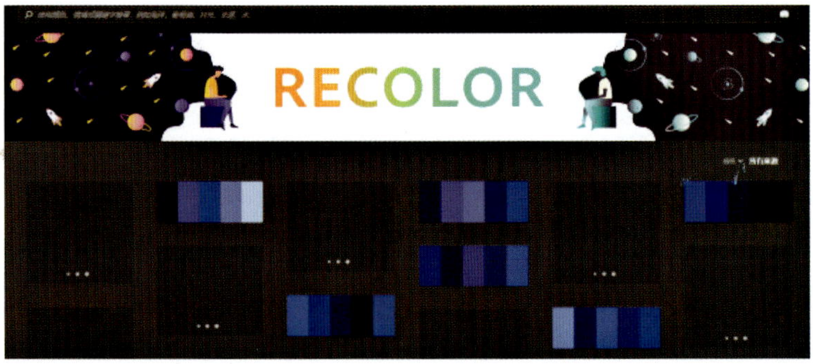

图4-1-14　Adobe Color CC内颜色搭配推荐

在“趋势”页面，Adobe Color CC则会为用户推送最新的颜色搭配方案。

4.其他功能

为了使设计内的颜色被色盲人士精准区分，Adobe Color 协助工具针对三种类型的色盲人士——绿色盲、红色盲和蓝色盲，开发了提醒功能，以避免色盲对象混淆。当你选取的颜色不能被色盲人士清晰辨别时，网页左侧会进行提醒。

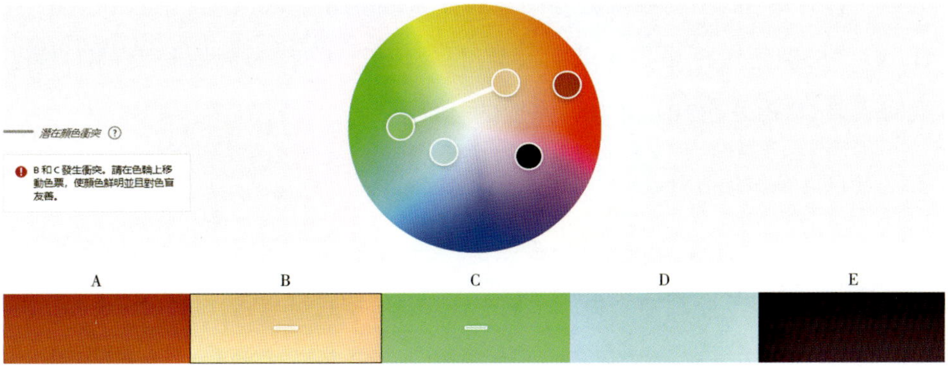

图4-1-15　色盲提醒功能示例图

数据新闻中的信息图表创作不是单纯的艺术设计，清晰的信息表才是主要目的。每种颜色都是一种信息，色彩越多，信息量就会越大。我们不应随意地切换色彩，而是要清楚地明白选择某种颜色的目的是什么、想要表达什么，才能判断这个选择是否合适。

因此，除了熟知这些基本的色彩知识和配色方案，我们还要充分了解不同颜色的象征意义、与某类数据的关联性等，才能准确把握信息图表中的色彩运用。

第二节　图表及网页制作

一、HTML5、CSS、JavaScript

（一）概述

前端设计编程较为深奥复杂，本部分内容仅就基础知识进行介绍，向入门者提供初步引导。

1.HTML (HyperText Markup Language)

HTML即超文本标记语言，是构建以及呈现互联网内容的一种语言方式。它不是一种编程语言，而是一种标记语言（标记标签），由多个标签构成，通过浏览器来解析。

利用HTML，用户可以向页面中添加文字元素和包括图片、链接、音乐、程序等在内的非文字元素。

元素中包含属性，用户可以通过调整属性来改变元素的大小、位置和颜色等。

HTML5 的数字尾标是指其语言版本，目前，HTML5作为最新的 HTML 标准，是由万维网联盟（W3C）在2014年10月完成的标准制定。

2.CSS (Cascading Style Sheets)

CSS即层叠样式表单，可以用于静态地修饰网页，配合各种脚本语言动态地对网页各元素进行格式化，控制整个站点的样式和布局。 通过与 XHTML 结合，CSS 可以帮助实行表现与结构分离的开发模式，为每个元素定义样式美化HTML页面。

用户可通过设置对应的样式属性修改HTML文档内各元素的显示、位置等样式，如修改颜色、字体、字号、宽高、位置和背景等。

3. JavaScript

和属于标记语言的以上两者不同，JavaScript是一种面向 Web 的编程语言。如果把编程想象成是在和计算机对话，那么编程语言更像是发布命令，通过输入的语言来控制计算机工作，而标记语言则像是讲故事，它不向计算机发出指令，而是被计算机所读取。

JavaScript获得了所有网页浏览器的支持，是目前使用最广泛的脚本编程语言之一。一个完整的 JavaScript 实现由以下三部分组成：

第一，核心（ECMAScript）：语言核心部分，即JS基本语法。

第二，文档对象模型（Document Object Model，DOM）：网页文档操作标准，据此对整个网页上的不同元素进行操作（比如鼠标悬停在某一名称时出现具体菜单）。

第三，浏览器对象模型（BOM）：客户端和浏览器窗口操作基础，比如控制页面之间的跳转。

4.三者的关系

网站由多个网页组成，而网页在大多数情况下由HTML、CSS和JavaScript共同组成。

HTML作为一种标记语言，负责框架，用来结构化网页内容并赋予内容含义，例如定义段落、标题和数据表，或在页面中嵌入图片和视频。

CSS 作为一种样式规则语言，负责装饰，可将样式应用于 HTML 内容，例如设置背景颜色和字体、在多个列中布局内容。

JavaScript作为一种脚本语言，负责动效和业务逻辑，可以用来创建动态更新的内容、控制多媒体、制作图像动画等。

为了美观和更好的叙事效果，HTML一般需要与CSS和JavaScript配合使用。CSS一般不能脱离HTML或XML。而JavaScript可以脱离HTML和CSS独立存在，且JavaScript可以操作HTML和CSS。

（二）使用范围

HTML、CSS可用于创建网页，而JavaScript可用于表单动效检验、网页特效、服务端开发、桌面程序制作、App开发、JavaScript控制物联网硬件和游戏开发等。

（三）操作要点

（1）HTML代码通过各式各样的tags发挥作用，其中视觉化设计最基本的tag包含</html><head><body><title><script><svg><link>等。

一般情况下HTML文件以</html>开始，以</html>结束。中间包括<head><body>两大部分，网页标题在<head>中呈现，而<body>内则是网页页面的全部内容。

图4-2-2和图4-2-3所示分别为代码和呈现出的网页效果。

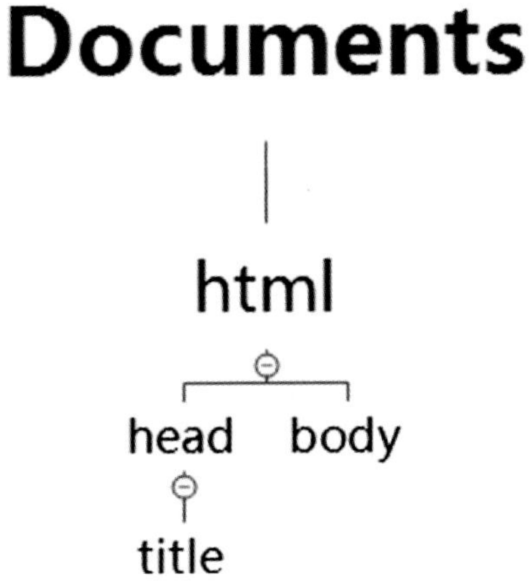

图4-2-1　HTML代码基本结构

```
<!DOCTYPE html>
<html lang="en">
<head>
    <meta charset="UTF-8">
    <title>第一次尝试</title>
</head>
<body>
你好这里是内容
</body>
</html>
```

图4-2-2　代码

图4-2-3　网页效果

（2）CSS代码有三种书写方式：

一是行内式，直接写到元素内部。

二是内嵌式，通常位于<head>与</head>之间，以<style>开始，以</style>结束。

三是外链式，将所有的样式放在一个或多个以CSS为扩展名的外部样式表文件中，通过link标签链接到HTML文档中。

图4-2-4和图4-2-5所示为行内式写法。

```
<!DOCTYPE html>
<html lang="en">
<head>
    <meta charset="UTF-8">
    <title>第一次尝试</title>
</head>
<body>
<h1 style="text-align: center; font-weight: bolder;">
    h1代表1号标题
</h1>
<p style="text-align: center; font-style: italic;">
    你好，这里是内容
</p>
</body>
</html>
```

图4-2-4　代码

图4-2-5　网页效果

（3）JavaScript代码与CSS相似，同为三种书写方式——行内式、内嵌式和外链式。

图4-2-6和图4-2-7所示为内嵌式写法的一个网页提示弹出效果，以<script>开始，以</script>结束。

```
<!DOCTYPE html>
<html lang="en">
<head>
    <meta charset="UTF-8">
    <title>第一次尝试</title>
    <script>
        alert("我是JS你好")
    </script>
</head>
<body>
<h1 style="text-align: center; font-weight: bolder;">
    h1代表1号标题
</h1>
<p style="text-align: center; font-style: italic;">
    你好，这里是内容
</p>
</body>
</html>
```

图4-2-6　代码

图4-2-7　网页效果

（四）注意事项

（1）作为计算机语言，原理较底层，学习成本大；但是可应用场景多，同时作为世界上应用范围极其广泛的三门语言，无论是入门级教程还是进阶版训练，在国内外网站上都有充足的学习资料。如果想要自学，HTML/CSS/JavaScript的官方网站都有一定的教程。此外，W3Cschool、菜鸟教程也都是不错的选择。如果更倾向于通过视频学习，也可以在B站、中国大学MOOC等平台寻找学习资源。

（2）编写代码的环境——IDE 。IDE全称是Integrated Development Environment，中文为集成开发环境，是辅助程序员开发的应用软件的总称。在数据新闻视觉化设计方向，推荐尝试的IDE有Sublimc Text、Webstorm、VScode、Atom、Brackets、HBuilder、Dreamweaver、notepad++和editplus等，建议在充分了解后，选择最适合自己的一款。

（3）网页制作初学者需先掌握HTML/CSS/JavaScript。但如果想进一步深入，可尝试学习一些动态脚本语言，比如php/jsp/http：//asp.net等。

二、D3.js

（一）概述

D3（Data-Driven Documents），是基于数据的文档操作JavaScript库，用于把数据和HTML、SVG、CSS结合起来，创造出可交互的数据图表。

作为一个用JavaScript编辑好的编程库，JavaScript能够实现D3.js的全部功能，但所需编写的代码大大减少。在编程制图时只需调用D3的代码库，就能高效地制作出各类惊艳的数据图。

此外，在GitHub里所有的代码都是开源的，用户能够根据案例查看其整个的编程逻辑，所有代码均一目了然。

D3作为已经编辑好的库，有一套完整的API学习手册，在此可以查询到每一个D3代码的功能。

（二）特点

（1）绘图原理较底层，学习成本较大。

（2）测试环境相对复杂，需进行配置本地服务器。

（3）兼容IE9以上以及所有的主流浏览器。

（4）D3通过SVG来绘制图形，而SVG复杂度高，会减慢页面的渲染速度。

（5）可以自定义事件，自由度大。

（三）使用范围

（1）最基本的图表、时间轴和地图。

（2）个性化动态交互。

（四）操作要点

1.安装及下载

作为一个库，D3只需通过script标签导入即可。

导入方式有三种：

（1）下载 D3.js 的文件，通过本地服务器链接。

（2）直接通过互联网链接：

```
<script src="http://d3js.org/d3.v3.min.js" charset="utf-8"></script>
```

（3）通过unpkg链接https://unpkg.com/browse/d3@6.2.0/，这里专门发布各种网络资源包，如果觉得下载到本地不方便，可以试试这种方法。

2.使用工具

使用普通的网页制作工具即可。

3.SVG

SVG是D3.js里主要操作的对象，可以将其理解成D3.js的画布。SVG 全称为 Scalable Vector Graphics，使用 XML 格式来定义用于网络的基于矢量的图形。作为矢量图形，SVG 图像在放大或改变尺寸的情况下并不会失真。

在代码编写中，通过<svg>标签操作，在<head>中导入D3.js库，之后在Body中创建即可。

（1）方法一：

```
<body>
<svg width="50" height="50">
</svg>
</body>
```

（2）方法二：

```
var vis=d3.select("#graph")
.append("svg");//选择ID为"#graph"的DOM节点
var w=50,
h=50;
vis.attr("width",w)
.attr("height",h); //添加属性
```

（3）方法三：

```
var width=50;//画布的宽度
var height=50;//画布的高度
var svg=d3.select("body")//选择文档中的body元素
.append("svg")//添加一个svg元素
.attr("width",width)//设定宽度
.attr("height",height);//设定高度
```

如上，就成功建立了一个长50宽50的“画布”。

此外，SVG有一些预定义的形状元素，可被开发者使用和操作，例如矩形 <rect>、圆形 <circle>、椭圆 <ellipse>、线 <line>、折线 <polyline>、多边形 <polygon>和路径 <path>。

4.DOM

DOM即文档对象模型，是指HTML的层次结构。我们用人类的血缘关系指代彼此之间的相对关系：父代、子代、同级、祖先和后代。在上面的HTML案例中，body是父元素，h1、p是子元素，页面上的所有元素都是HTML的后代。

Web浏览器通过解析DOM来理解页面的内容。

5.D3.js基本语法

选择集：使用 d3.select( )或d3.selectAll( )选择元素后返回的对象，就是选择集。

链式语法：D3 能够连续不断地调用函数，形如：d3.select( ).selectAll( ).text( )。这被称为链式语法。

（五）学习资源

（1）D3官方网站：https：//d3js.org/。

（2）GitHub内的D3使用手册：https：//github.com/d3/d3/wiki/Tutorials。

（六）注意事项

下面主要介绍如何检查代码漏洞，即debug的方式。在出现bug时，我们首先要做的是点击鼠标右键，选择"检查元素"→"Console"，查看输出内容所体现的bug。

若这样做无法解决bug，再从以下方面检查：

1.数据图不显示的原因

（1）数据未能正确读取：源数据格式错误。

可能存在的问题：

第一，列标题格式错误。

解决方案：参考"列标题命名规范"：清晰、短、无空格。

第二，CSV文件的编码格式错误：Unicode vs UTF-8。

特征：用文本编译器打开CSV文件时出现乱码。

解决方案：用记事本打开CSV文件，"另存为"→"编码"→"更改编码格式"。更改编码格式后，用Excel打开该CSV文件可能会出现乱码，不过没关系。

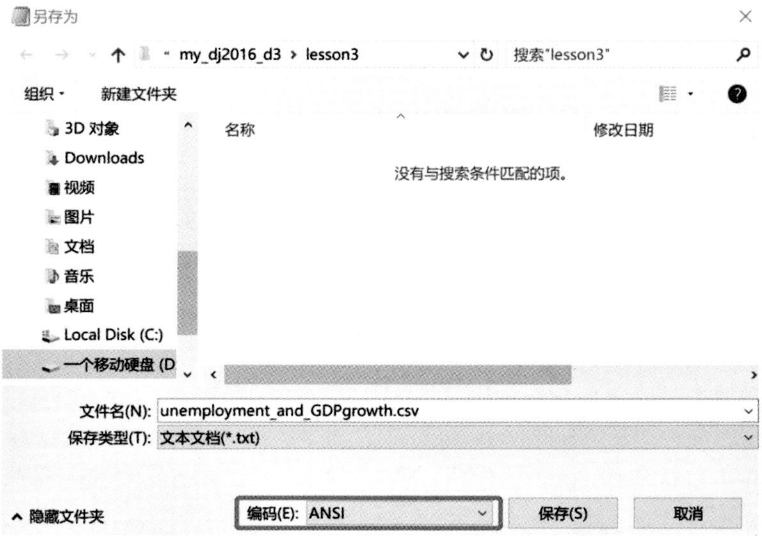

图4-2-8　如何更改编码格式

第三，源数据中有多余的空行。

特征：用文本编译器打开CSV文件后，数据行下面有多行逗号。

解决方案：将多余的逗号行删除。

（2）数据未能正确读取：代码错误。

可能存在的问题：

第一，变量类型与源数据类型不匹配。

第二，变量个数与源数据个数不匹配。

解决方案：在D3代码部分里由上至下一步步console.log。

第三，与源数据相关的其他注意事项。

将Excel另存为CSV后，关闭Excel，当出现"是否保存**.csv"时，选否，否则会将此Excel保存为CSV，失去Excel中的公式。

将Excel中的数据用"更改单元格格式"的方式处理后，如减少小数位数，在文本编译器里打开的时候和读取数据的时候还是会显示数据原来的格式。此时应该用写函数的方式彻底修改数据格式，再进行另存为CSV等后续操作。

（3）图的样式未能展现。

解决方案：检查该数据图的父元素的显示情况。

2.数据图能显示但有别的bug时的解决方案

（1）在出现问题的网页元素上点击鼠标右键，选择"检查元素"，在弹出的窗格中查看该元素的类或id，再在Source中的相应文件里"Ctrl+F"查找该类或id，查看其属性以发现问题。亦可在文本编译器里查找。

（2）查找自己的错误：

第一，变量名、文件名拼写错误；

第二，代码中出现中文标点符号；

第三，局部变量与全局变量混淆。

3.浏览器缓存问题

特征：点击鼠标右键选择"检查"，单击"Source"，Source中的内容与实际不符，如文件缺失、之前的改动没有体现。

解决方案：先清除浏览记录，再刷新网页。

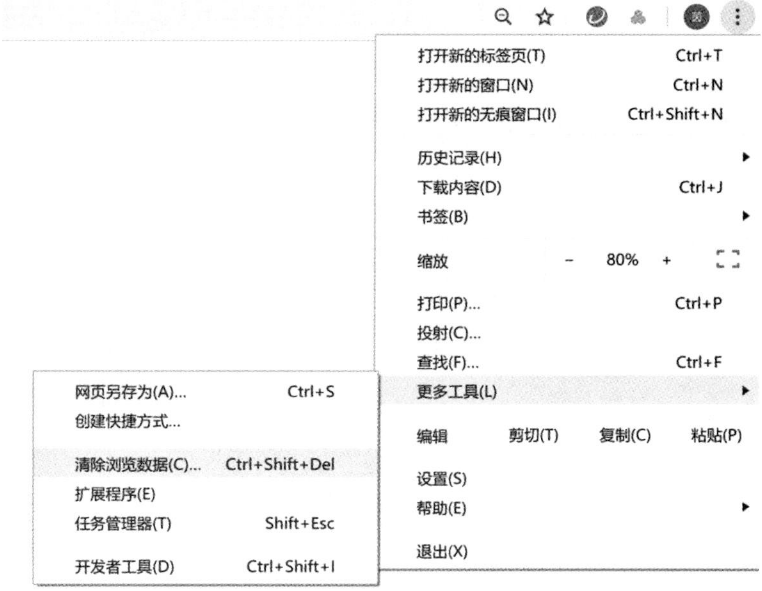

图4-2-9　如何清除浏览记录

（七）替代软件

1.Echarts

Echarts原理与D3.js基本相通，在制作一些特定效果的数据图时可以成为D3的替代品。Echarts提供部分案例样式，通过更换数据，可以完成所需数据图表的快速制作。

Echarts使用方法与D3.js类似，但更加简单易上手，具体使用可以参考官方网站教程：https：//echarts.apache.org/zh/tutorial.html。

2.Highcharts

Highcharts 是一个用纯JavaScript编写的图表库，能简单便捷地在web网站或者web应用程序中添加有交互性的图表。其原理与D3基本相通，在制作一些特定效果的数据图时可以成为D3的替代品。

Highcharts基本图表类型包含直线图、曲线图、区域图、柱状图、饼状图、散状点图、仪表图、气泡图和瀑布流图等多达 20 种，也可以完成多图表集合而成的混合图。

Highcharts可与各类交互。其中的案例样式可以用于替换自定义数据，快捷生成个性化数据图表。同时，Highcharts 免费供个人学习、个人网站和非商业用途使用。

三、jQuery

（一）概述

jQuery是一个快速、简洁的JavaScript代码库（或JavaScript框架）。它设计的宗旨是“Write Less, Do More”，即倡导“写更少的代码，做更多的事情”。

jQuery封装JavaScript常用的功能代码，提供一种简便的JavaScript设计模式，最常见的功能是查询，除此之外还能优化HTML文档操作、事件处理、动画设计和Ajax交互。

在jQuery官方网站（https: //jquery.com/）上可以看到其他相关项目，其中使用最多的就是前两种。

第一种是jQuery自身，包含其基本语法。第二种是jQuery UI，作为一个在jQuery JavaScript库之上构建的小部件和交互库，其所有功能都可以通过JavaScript进行访问，用户可以使用它创建高度交互的 Web 应用程序。

jQuery UI是jQuery的进一步简化，但如果要熟练使用jQuery UI，起码要具备JavaScript内置结构和语法的使用知识，另外还应对jQuery本身的知识进行初步了解。

jQuery UI开源免费，继承了 jQuery 简易使用的特性，优点众多。它组件间相对独立，避免浪费带宽拖慢网页打开速度。它广泛兼容各主流桌面浏览器，开发包内置包含中文在内的 40 多种语言包。此外，从结构规划到代码编写，jQuery UI始终保持开放公开。

但需要注意的是，jQuery UI相较于Dojo、YUI、Ext JS等成熟产品，可用控件较少，组件间构架规划不足，代码也不够健壮。

（二）特点

（1）轻量级。jQuery被缩小和压缩后只有30kB，也可以作为一个AMD模块。

（2）适用性与兼容性强。jQuery支持HTML DOM 遍历和修改，允许使用CSS1—CSS3几乎所有的选择，以及jQuery独创的选择器，并具有丰富的插件支持；兼容Chrome、Edge、Firefox、IE、Safari、Android和iOS等浏览器。

（3）功能丰富。jQuery支持HTML元素选取、HTML元素操作和CSS操作，能够制作JavaScript 特效和动画。

（三）操作要点

1.下载与使用

（1）从 jQuery.com 下载jQuery库。

其中，共有两个版本的 jQuery 可供下载：Production version已被精简和压缩，而另一份未被压缩，可供调试或阅读。

下载地址： http：//code.jquery.com/。

（2）引入下载的jQuery库。

```
<head>
<script src="jquery.js"></script>
</head>
```

（3）编写jQuery代码。

```
<script>
$(document).ready(function () {
  jQuery代码写在此处
});
</script>
```

2.基本语法

jQuery 语法是通过选取 HTML 元素，并对选取的元素执行某些操作。

其基础语法为：$（selector）.action（）。

美元符号$定义 jQuery，即表示是jQuery中的函数与操作。

选择符（selector）用于“查询”和“查找” HTML 元素；而action（）执行对元素的操作。

（四）学习资源

（1）菜鸟教程—jQuery教程：https：//www.runoob.com/jquery/jquery-tutorial.

html。

（2）W3school—jQuery 教程：https：//www.w3school.com.cn/jquery/index.asp。

（3）jQuery之家：http：//www.htmleaf.com/。

该网站搜集和整理了各种jQuery插件、jQuery特效、jQuery UI、jQuery教程、JS特效、网页特效，以及各种HTML5、CSS3动画和效果。

（4）视频教程：B站和中国大学MOOC上均有丰富的教学视频可供选择。

（五）注意事项

学习jQuery前必须先掌握JavaScript，如果不具备JavaScript的内置构造和语法的使用知识，可能很难开始编写jQuery。

（六）插件推荐——ScrollMagic

1.概述

网页中随着鼠标滚动而出现的动画效果常用于数据新闻作品中。例如，财新在《失稳的“亚洲水塔”》这一作品中呈现了冰川灾害发生的全过程，利用鼠标滚动，用户在获得交互感的同时，能够自由掌握阅读信息的速度。

图4-2-10　财新《失稳的“亚洲水塔”》网页截图

这种滚动时差效果的实现，就是ScrollMagic主要的功能。

但凡是与网页的上下滚动相关的，ScrollMagic都能够满足需求。此外，在搭配其他插件库的情况下，ScrollMagic有着高度的可定制性和可扩展性。

官方网站：https：//scrollmagic.io/。

整体而言，ScrollMagic插件库由三大部分组成。

（1）控制器（Controller）：控制器是ScrollMagic插件中最主要的一个类，主要用于设置被滚动交互控制的区域以及其他相关性质，是一个滚动活动的处理中心。简单而言，控制器用于管理一个或多个场景。

在大多数情况下只有一个控制器对象，此时滚动容器是浏览器窗口。但也可以使用div元素在页面上包含多个容器并附加滚动动画。此外，控制器还定义应滚动的方向（水平或垂直），并负责对所有场景进行更新。

（2）场景（Scene）：场景也是ScrollMagic插件中最主要的一个类，用于反馈、控制随滚动情况改变的诸多属性，例如什么时间开始动、动多久、怎么动等等。

本质上，其返回的只是被控制界面滚动范围的大小。而利用各种各样的条件设置，配合一些网页元素的特征变化，可以达到不同的效果。

场景可以通过使用ScrollMagic.Scene（）类创建。它定义了控制器应该在哪里反应以及如何反应。

```
var scene = new ScrollMagic.Scene();
```

在场景类中，我们可以在此放置一个具有相关属性和值的对象。这些属性和值描述了场景的行为，也就是希望达到效果的具体描述。

例如：

```
var scene=new ScrollMagic.Scene({
offset：100，//在滚动100px后开始场景
duration：400//这个元素滚动400px})
```

而为了使场景对容器标的滚动有反应，页面下拉时能够启动动画，必须将场景添加到我们在一开始定义的控制器中。

```
var scene = new ScrollMagic.Scene({
triggerElement：'#pinned-trigger1'，//到达该元素时开始场景
```

```
duration: 400//这个元素总共400px
})
.setPin('#pinned-element1');//我们要标记的元素
//添加场景到ScrollMagic控制器
controller.addScene(scene);
```

当然，除了向控制器中加入场景，我们还可以给场景标注要添加哪个控制器。具体方法可见ScrollMagic的官方GitHub入门教程文件。

（3）插件库（Plugins）：插件库是一个对ScrollMagic库的补充，具体来说包含两个动画库（GASP、Velocity）、一个监测插件（addIndicators）和一个jQuery库。

2.使用范围

（1）制作网页中的滚动交互效果。

（2）制作数据新闻中以滑动为主轴的图文叙述逻辑、以交互区域固定为特点的图表交互逻辑和以视差滚动为核心的平面动画逻辑等不同层面的滚动交互效果。

3.特点

（1）功能性完整。支持x和y方向标记，支持在div容器内滚动（不限数量）。

（2）灵活性和可扩展性。高度自由的设置权限，实现结果流畅清爽。

（3）操作简单且兼容性好。易读、集中的代码和直观的开发，具备手机的兼容性，支持响应式web设计。

4.使用方法

在ScrollMagic的官方网站（https://scrollmagic.io/）中，有各类教程与案例。下面简单介绍一下该插件的基本使用方法。

（1）安装。ScrollMagic元素滚动动画库插件支持GitHub、Bower、npm和CDN。

ScrollMagic官方网站的右上角标注了通往GitHub的链接，点击进入GitHub，内含具体下载方式及安装方法。

安装完成后，在代码内直接引入ScrollMagic.js文件即可使用。代码示例如下：

```
<script src="js/scrollmagic/uncompressed/ScrollMagic.
```

```
js”></script>
```

（2）案例库。ScrollMagic官方网站上对各类效果的实现均有介绍。进入官方网站页面下滑，点击“the examples”即可进入案例库。

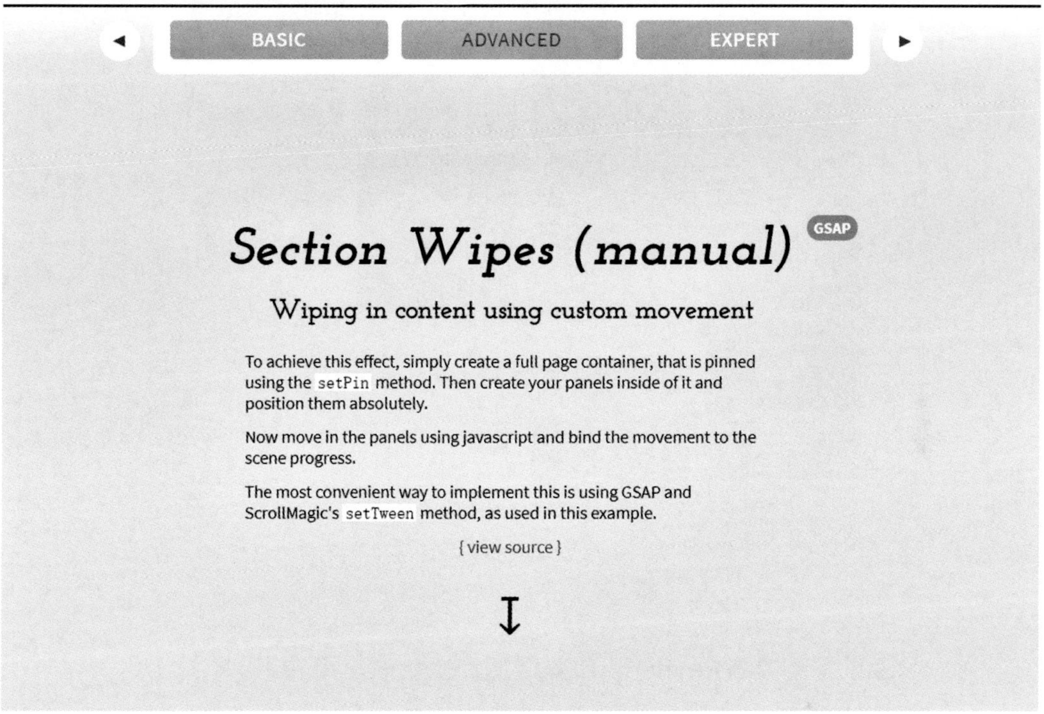
BASIC
ADVANCED
EXPERT
Section Wipes (manual)
GSAP
Wiping in content using custom movement
To achieve this effect, simply create a full page container, that is pinned using the setPin method. Then create your panels inside of it and position them absolutely.
Now move in the panels using javascript and bind the movement to the scene progress.
The most convenient way to implement this is using GSAP and ScrollMagic's setTween method, as used in this example.
{ view source }

图4-2-11 官方网站案例库

点击上方不同的难度等级，即可查看该效果的代码源、详细介绍、实现方法及效果展示。

需要注意的是，不论功能复杂程度如何，ScrollMagic库的逻辑核心始终是：设置控制器——设置触发器——设置触发后的效果——将设置结果返回控制器。

5.经典案例

ScrollMagic的官方网站上列有诸多使用ScrollMagic创建的优秀网站，点击进入即可。

ScrollMagic同样被国外各大媒体所青睐。现任《纽约时报》的图表/多媒体编辑Weiyi Cai在接受采访时和大家分享过这个用于制作滚动图形的 JavaScript 库。

图4-2-12　使用ScrollMagic创建众多网站示例

6.注意事项

（1）使用前需要具备JavaScript内置结构和语法的使用知识。

（2）单独讲解ScrollMagic的网上教程较少，如需深入学习，则主要依靠官方网站及GitHub内的教程，点击“HELP”下各种链接即可转至官方学习资源。

（3）如果在使用ScrollMagic时遇到任何问题，可以点击“HELP”下“Troubleshooting guide”（故障排除指南）查看问题原因。如若仍未解决，可以选择点击“GitHub issues section”发布问题，或在官方网站“HELP”栏申请1∶1人工服务。

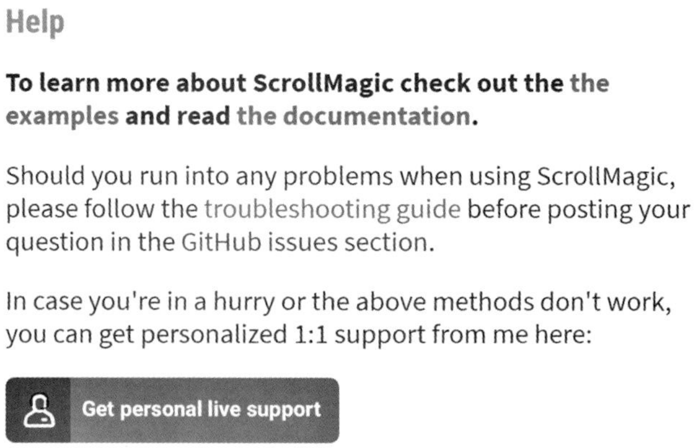

图4-2-13　官方网站“HELP”栏目

(4) 注意不要在“GitHub issues section”内发布除问题外的其他信息，为运营者添加不必要的麻烦。

第三节　平面设计及图片处理

通过Excel或者在线制图工具导出数据图雏形后，为了美观和个性化，往往需要借助平面设计及图片处理软件来进一步加工。目前，主流工具主要为Adobe系列中的PS和AI。

一、Adobe Photoshop

（一）概述

Adobe Photoshop，简称PS，是Adobe Systems开发和发行的一款图形处理软件，主要处理由像素构成的数字图像。PS图形处理软件能够打开并处理大部分常见格式的图形文件，如png、jpg等，也可以使用自己的PSD和PSB文件格式来支持图像创建和修改。

此外，Photoshop也支持各类插件或者独立于PS图形处理软件开发和分发的程序来对功能进行拓展。

（二）优点

(1) 适用范围广，可用于所有像素图的绘制与更改。

(2) 功能多样，在图像、图形、文字、视频和出版等方面都有涉及。

(3) 拥有自己的社区，内含丰富作品，可供参考学习。

(4) 官方网站提供使用教程和用户指南，方便用户自学。

（三）使用方法

1.基础知识

(1) 创建新文档。

根据项目的不同，PS打开处理方式也不同。

如果想要在已有图片上进行调整，请选择“文件”→“打开”，并选择它。或者直接点击页面中的“打开…”。

如果需要新建文档并编辑，请选择“文件”→“新建”。或者直接点击页面中的“新建…”。

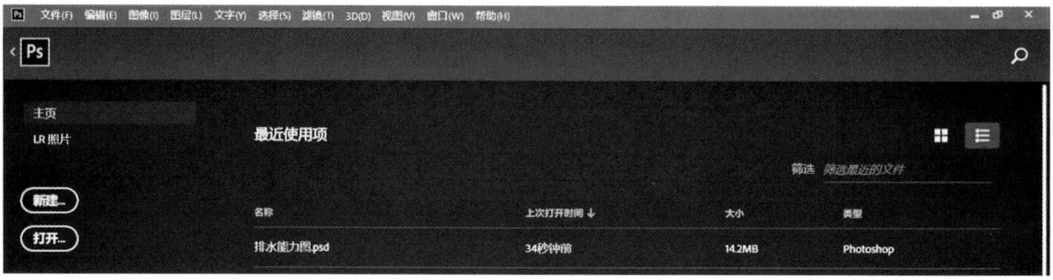

图4-3-1　PS打开初始页面

如图4-3-2所示页面，用户可以自由设置项目的画板大小、分辨率、颜色模式及背景内容。选择完毕后点击“创建”即可。

图4-3-2　“新建文档”页面

（2）图层的概念。

图层包含图像、文本或组成图层文件的对象。可以把它们想象成堆成一摞的透明板子，透过板子你可以看见下面的内容，而对每一个图层进行的操作也不会影响其他图层。因此在数据图制作时，我们通常将不同部分的元素单列图层。

图层一般在右下角的“Layers”（图层）面板中堆叠排列。如果“Layers”（图层）面板不可见，可以选择“Windows”（窗口）→“Layers”（图层）进行显示。

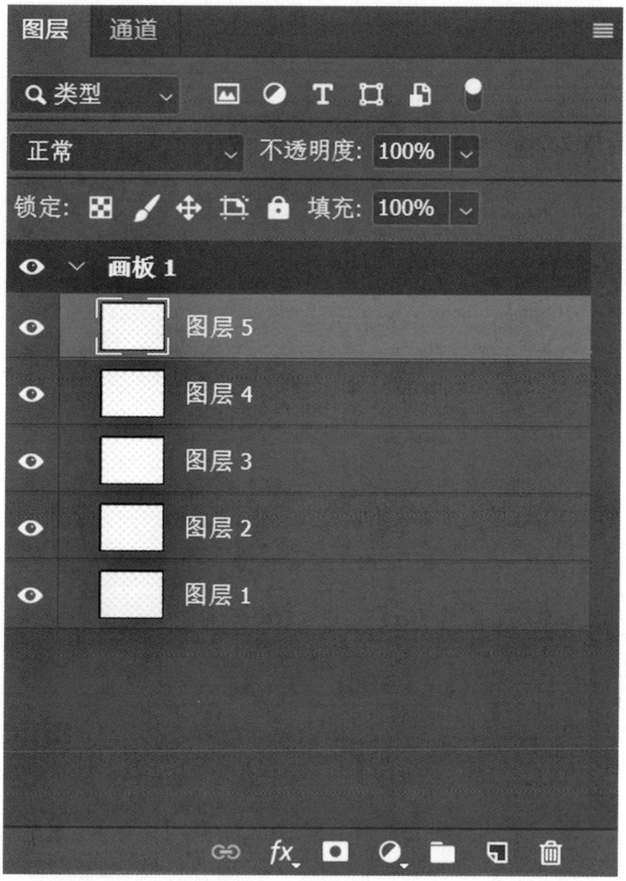

图4-3-3　图层面板

每张图层左侧的眼睛图标表示是否是该图层，要选择更多图层，可按住Ctrl，同时点击其他图层。

图4-3-4　图层面板的各功能图标

（3）导出与保存。

Adobe Photoshop 支持多种文件格式存储和导出，最常见的是jpg、png、psd三种格式。前两种为图片形式，点击“文件”→“导出”→“导出为”，根据需要调整好参数后“全部导出”即可。

如果想要再次进入本项目进行编辑，则需要保存为psd格式。需要注意的是，psd只能支持最大为 2 GB 的文件。对于大于 2 GB 的文件，需要以大型文档格式（PSB）、Photoshop Raw（仅限拼合图像）、TIFF（最大为 4 GB）或 DICOM 格式存储。

2.案例练习

Photoshop功能多样，这里我们将以为一周电影票房数据制作数据图为例，简单介绍基础操作。案例目标为根据猫眼专业版统计的一周电影票房，完成视觉化设计，图表需要包含这一周各电影票房排名、电影评分、电影类型和上映时间。

（1）步骤一：将数据进行基础制图。此步骤可以用代码编写，也可以使用下一章提到的多种工具，甚至可以从Excel中直接导出图片。

图4-3-5　一张基础数据图

其中，我们选取了一周票房的前11位，圆圈大小代表着电影的票房，两种颜色区分电影类别——紫色是新片上映，而蓝色是老片重映。

（2）步骤二：在PS中新建适当大小的项目，导入基础数据图。

选中需要调整大小的图层，按住Ctrl+T，进入大小调整功能。如果想单独调整长宽，在拉拽大小时按住Shift即可。

图4-3-6　将基础数据图导入PS

（3）步骤三：电影上映时间分别是7月20日和7月24日，为作出区分，将7月24日上映的电影加上黄色边缘。

左侧工作区单击右键“矩形工具”，将其改为“椭圆工具”。

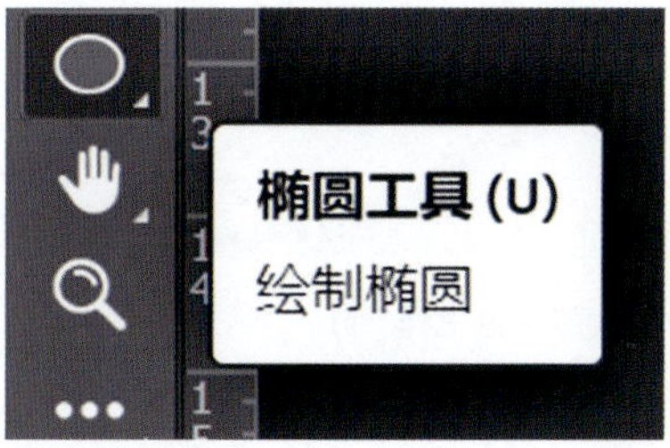

图4-3-7　页面左侧工作区椭圆工具选项

由于此处需要的是圆圈而非圆，因此在页面上方将填充改为“无”，选择描边颜色、粗细、形状。

图4-3-8　形状绘制属性设置栏

在画板上拖拽，画出圆圈。

图4-3-9　第三步结果图

（4）步骤四：在网上寻找票房前三名的海报并导入，单击右键“矩形选框工具”，改为“椭圆选框工具”，在海报上选择需要保留的部分。

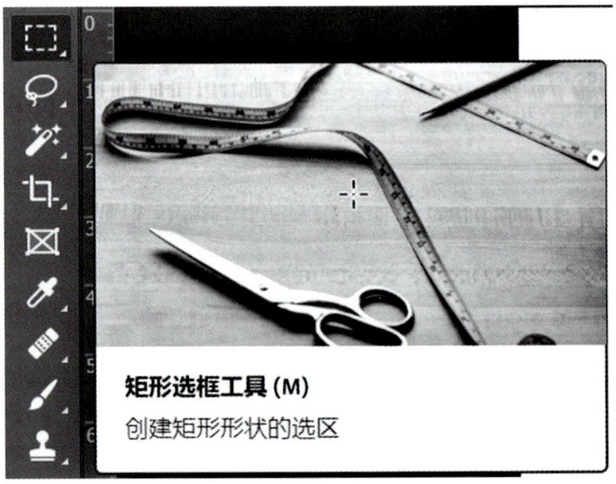

图4-3-10　页面左侧矩形选框工具

（5）步骤五：单击鼠标右键，选择“反向”，删除不需要的内容，之后将海报图片拖拽到合适位置即可。

图4-3-11　第五步结果图

（6）步骤六：选择“文字工具”，在画板上拉出文本框，输入文字，添加各种标题、注释。

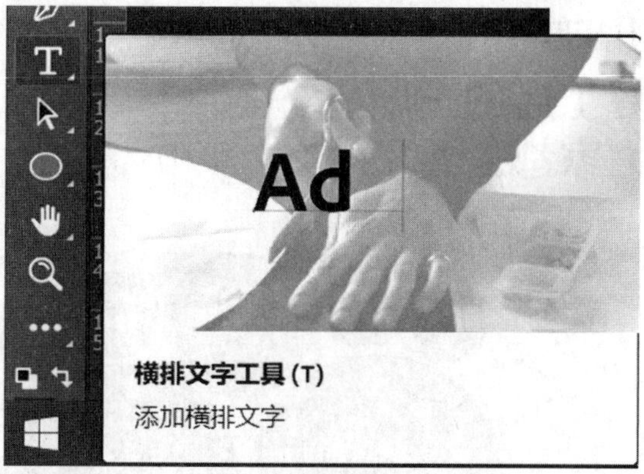

图4-3-12　页面左侧文字工具

注意，文字的大小、颜色、粗细都可以在上方或右侧字符面板进行调整。如果没有字符面板，可以在“窗口”→“字符”调出。

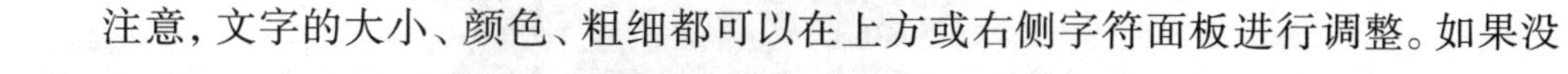

图4-3-13　页面上方字符面板

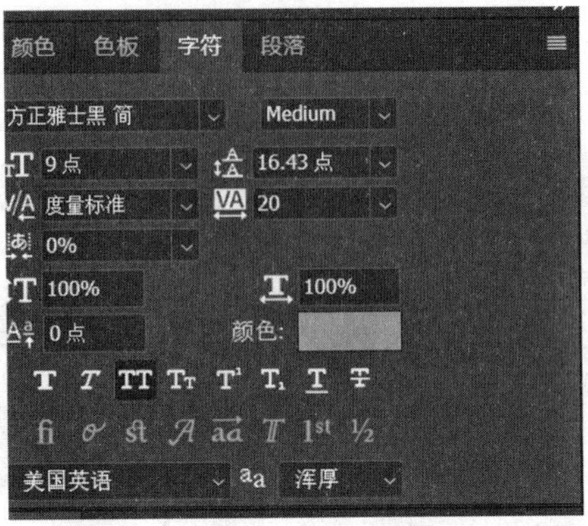

图4-3-14　页面右侧字符面板

（7）步骤七：想为文字添加特殊效果，可以在图层页面点击“fx”，进行添加图层样式。

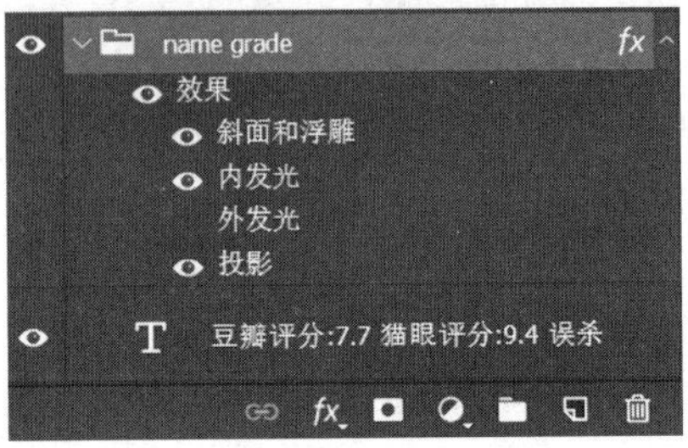

图4-3-15　添加效果

（8）步骤八：注释中的圆圈绘画方法和前文一致。

图4-3-16　第八步结果图

(9)步骤九:最后为设计加入装饰性元素即可。

图4-3-17　最终成果

3.学习资源

Adobe Photoshop官方网站:https://www.adobe.com/cn/products/photoshop.html。

二、Adobe Illustrator

(一)概述

Adobe Illustrator(AI),是一款应用于出版、多媒体和在线图像的工业标准矢量插画的软件。

作为一款出色的矢量图形处理工具,该软件主要用于印刷出版、海报书籍排版、专业插画、多媒体图像处理和互联网页面的制作等,也可以为线稿提供较高的精度和控制,适合生产任何小型设计到大型的复杂项目。

Illustrator和Photoshop的区别在于,Illustrator用于矢量图形设计,Photoshop则用于像素图像设计。这就代表着,基于矢量设计软件Illustrator的图稿可以被随意放大或者缩小，都不会影响图像的清晰度。但Photoshop制作的像素图像是由像素组成的，所以被放大后会出现密密麻麻的小格子，也就是像素。

图4-3-18　放大后的PS文件

图4-3-19　放大后的AI文件

除此之外，PS与AI在使用上还有一些差异，例如，AI设计软件可同时新建多个画布用于设计工作，PS设计软件只能新建一个画布；AI设计软件的一个图层可以包含多个对象，PS设计软件的一个图层只能包含一个对象；AI的剪贴蒙版在对象上面，PS的剪贴蒙版在对象下面；AI选择工具选择的是区域，PS选择的是对象；AI可以在画布外区域绘制，PS超过画布外的区域则会被隐藏。

当然，随着两个软件的不断更新，其功能也愈加强大，很多以前需要用PS操作的任务现在用AI也能够完成。但两者之间终究有差别，为了提高工作效率和视觉设计的质量，尽量使用PS+AI双软件完成。

（二）优点

（1）Adobe Illustrator最大的特征在于贝赛尔曲线的使用，使得操作简单功能强大的矢量绘图成为可能。

（2）功能多样。Adobe Illustrator适合设计需要适配不同屏幕大小的Web 和移动图形、徽标、图标，或是进行印刷排版工作，如书籍插图、产品包装和广告牌等。

（3）配套资源较多。Adobe Illustrator拥有自己的社区，内含丰富设计。其官方网站提供了使用教程和用户指南，方便用户自学。

（4）协同性较强。同为Adobe公司产品，Illustrator简单易学上手快，可与Photoshop、InDesign、After Effects 等其他应用程序无缝协作。

（三）使用方法

1.基础知识

（1）页面介绍。

菜单栏（在最顶部）显示了文件、编辑和其他菜单来访问各种命令、调整、设置和面板。

工具面板（左侧）包含用于创建和编辑美术作品的工具。

右侧面板包括属性、图层和其他面板，这些面板包含用于处理美术作品的各种控件，同时可以在Window菜单下找到完整的面板列表。

正中间的文档窗口显示了当前正在处理的文件。多个打开的文档以选项卡的形式出现在文档窗口中。

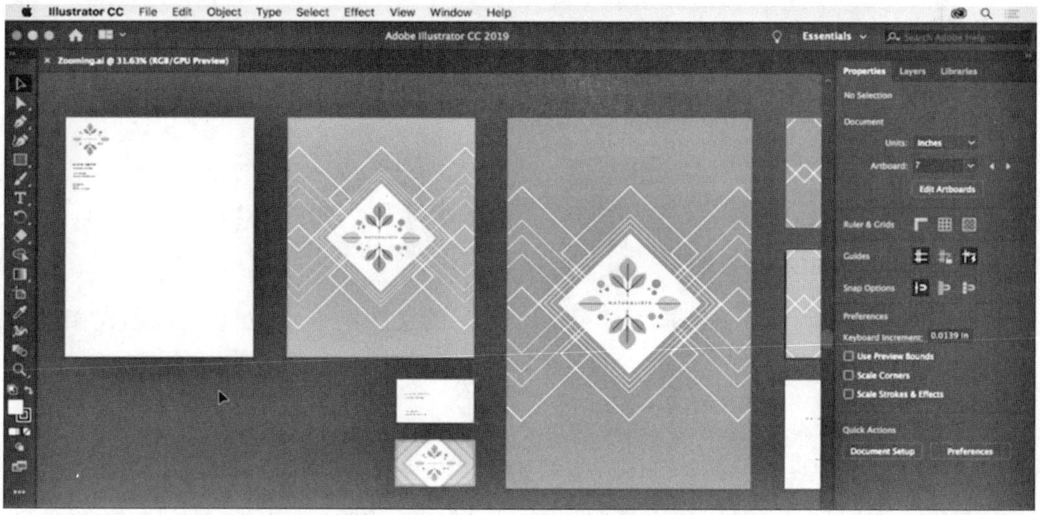

图4-3-20　多文档窗口示意图

位于工具面板中的缩放工具可用于显示文档的更多细节。从放大到缩小，按Alt（窗口）。

在工具面板中单击并按住缩放工具可以找到手动工具，它允许你在文档中平移。

（2）建立新项目与储存新项目。

建立和储存的操作都与PS非常类似，在此不做赘述。

（3）路径的基本概念。

绘图时可以创建被称作路径的线条。路径由一个或多个直线或曲线线段组成。

每个线段的起点和终点由锚点（类似于固定导线的销钉）标记。路径可以是闭合的（如圆圈）；也可以是开放的并具有不同的端点（如波浪线）。

通过拖动路径的锚点、方向点（位于在锚点处出现的方向线的末尾）或路径段本身，可以改变路径的形状。

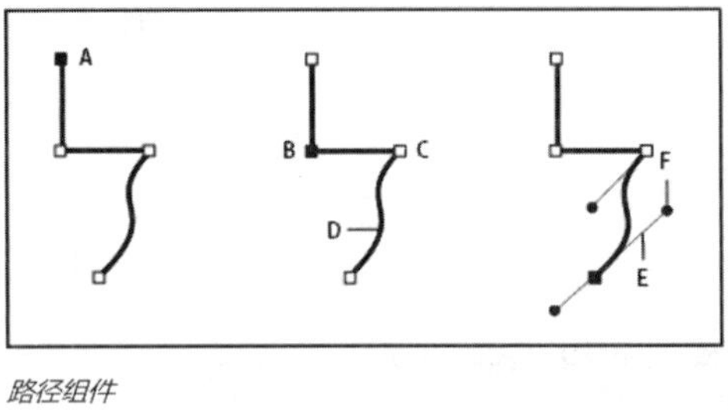

路径组件

A. 选定的（实心）端点 B. 选定的锚点 C. 未选定的锚点 D. 曲线路径段 E. 方向线 F. 方向点

图4-3-21　路径基本概念示意图

Adobe Illustrator 用户指南（https://helpx.adobe.com/cn/illustrator/user-guide.html）上有更多关于路径的详细信息，可以点击“绘图”→“绘图基础知识”查看更多。

（4）图层的基本概念。

AI里的图层可以被看作结构清晰的含图稿文件夹，相较于PS内图层的概念，功能上更贴近于PS中的文件夹。

默认情况下，所有项目都被组织到一个单一的父图层中。不过也可以创建新的图层，随时将项目移动到不同的图层中。

2.学习网站

与PS一样，Adobe Illustrator的官方网站（https://www.adobe.com/cn/products/illustrator.html）上也提供了丰富的学习资料，点击“学习和支持”即可进入页面。

图4-3-22　官方网站“学习和支持”页面

CHAPTER 5

第五章 数据呈现工具

第四章介绍了Adobe的Photoshop、Illustrator等功能强大的绘图软件，以及R、D3等可以实现动态交互设计的基础工具。

本章将为大家介绍一些其他的可视化工具以及辅助网站。在图表制作方面，虽然上面提到的PS和AI等工具功能强大、灵活度高，但需要学习的内容很多，上手较难。这里为大家介绍一些技术门槛相对较低、使用起来方便快捷的数据可视化工具。它们大多为用户提供了模板，可以在很多情况下节省大量从零开始可视化的时间。可视化呈现离不开设计，本章将为大家介绍配色、素材、字体等辅助设计工具和网站，帮助数据新闻工作者开拓寻找灵感的道路。在网页制作方面，本章也将为大家介绍一些学习网站以及简易制作工具。

第一节　图表制作工具

一、花火Hanabi

（一）简介

花火Hanabi是数可视公司开发的一款在线数据图表以及短视频制作工具，可以用于制作静态数据图、gif数据动图、短视频和网页交互数据图等，十分适合设计新手使用。

官方网站：https：//hanabi.cn/index？lang=zh-CN。

（二）优点

（1）使用简单，无须代码或设计基础。通过四步即可在线生成图表，即选择图表、替换数据、打磨细节和分享导出。

（2）图表类型丰富多样，覆盖饼状图、柱形图和雷达图等常用图表，并附有各类图表的定义、应用场景介绍。

（3）支持数据上传、图形细节修改的在线操作。

（4）支持多种导出格式，包括png图片格式、jpg图片格式、svg矢量图格式和gif动图格式等。网页iframe直插代码段，动态图表支持最高1080P清晰度的MP4视频导出。

不过，作为利用模板生成图表的工具，花火Hanabi的灵活性不如PS、AI等。

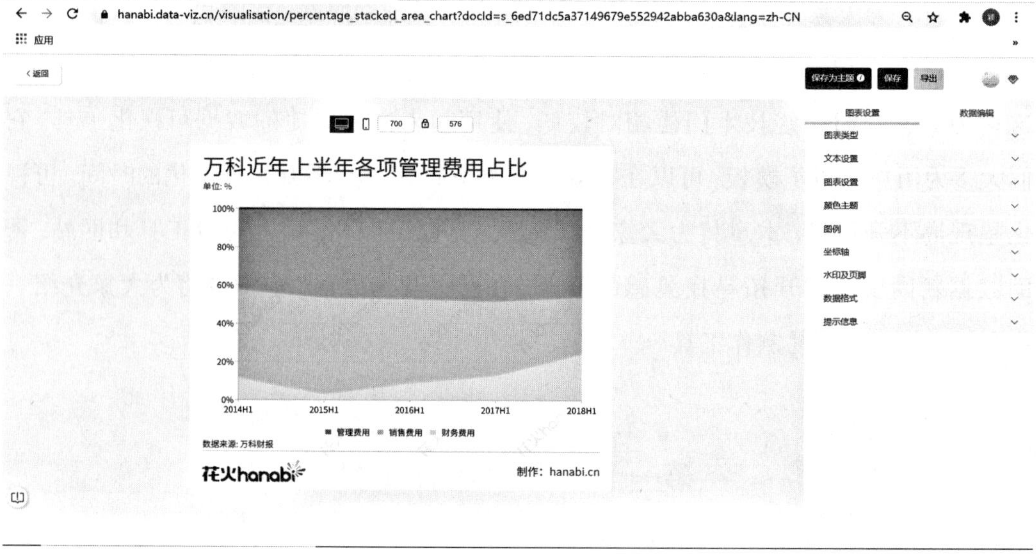

图5-1-1　使用Hanabi制作的图片实例

（三）注意事项

（1）软件部分免费，部分功能如导出SVG格式文件、使用部分动态图、去除水印和使用背景图片等需要开通会员。

（2）仅支持Excel或TXT格式的数据。

二、RAWGraphs

（一）简介

RAWGraphs是一款免费开源的数据可视化网站，可以帮助人们把复杂的数据通过简单的操作快速地可视化。

官方网站：https：//rawgraphs.io/。

（二）优点

RAWGraphs页面简洁，操作简便，仅需三步就可以创建数据图。

不过，RAWGraphs灵活性较差，可以调整的细节有限，比如标签过长互相遮挡时无法进行调整，也无法选择字体、添加标题等。

（三）操作步骤示例

1.第一步：加载数据

用户可以选择从电子表格（TSV、CSV、DSV）或JSON数据文件中复制粘贴至相应界面，或者可以直接上传TSV、CSV、DSV、JSON和Excel等数据文件，还可以输入指向数据的网址（URL），如公共API等。网站还提供了样例数据供用户参考和练手。

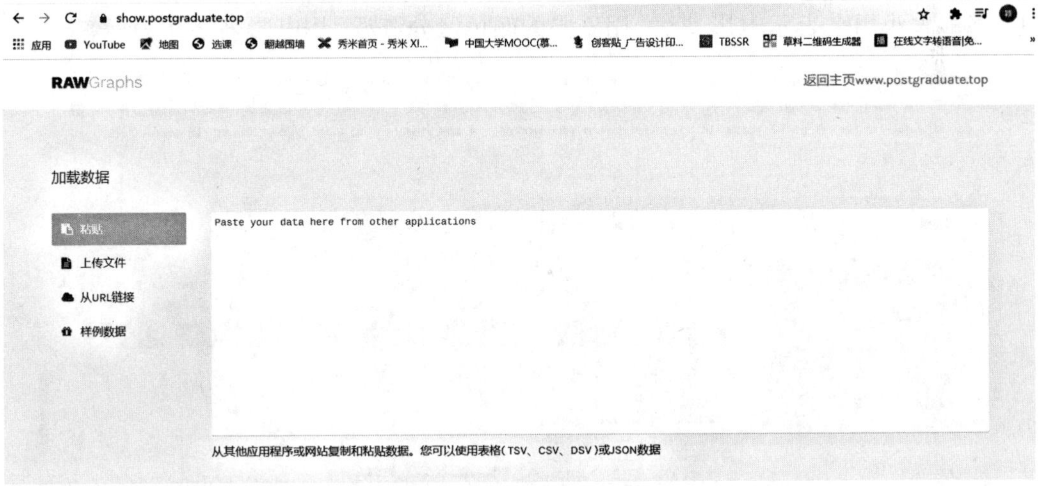

图5-1-2　加载数据页面

2.第二步：选择图表类型

RAWGraphs目前提供21种基于D3.js的数据图表，如果有相关的代码基础，还可以在GitHub上自行按需定制图表。

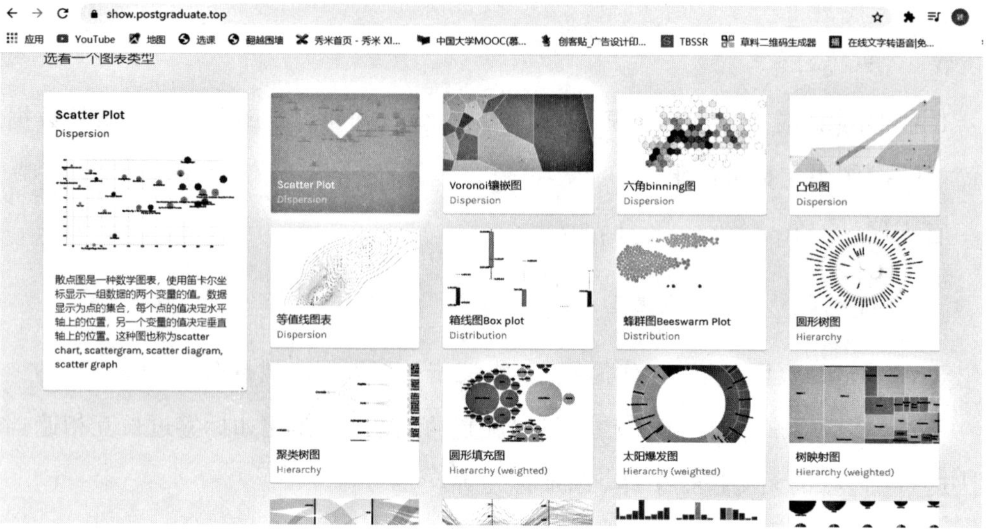

图5-1-3　RAWGraphs部分数据图表

3.第三步：为不同的变量维度选择展示方式

以散点图为例，只需将左边的变量拖拽至相应的位置，就可以决定不同的变量在数据图中以什么样的方式展示。图中所示数据是网站提供的有关电影预算和票房的数据样本，图中操作就是将电影评级数据展示在x轴位置上，将预算数据显示在y轴上，气泡大小用来表示电影票房，用不同的颜色区分流派，用电影名字作为标签。

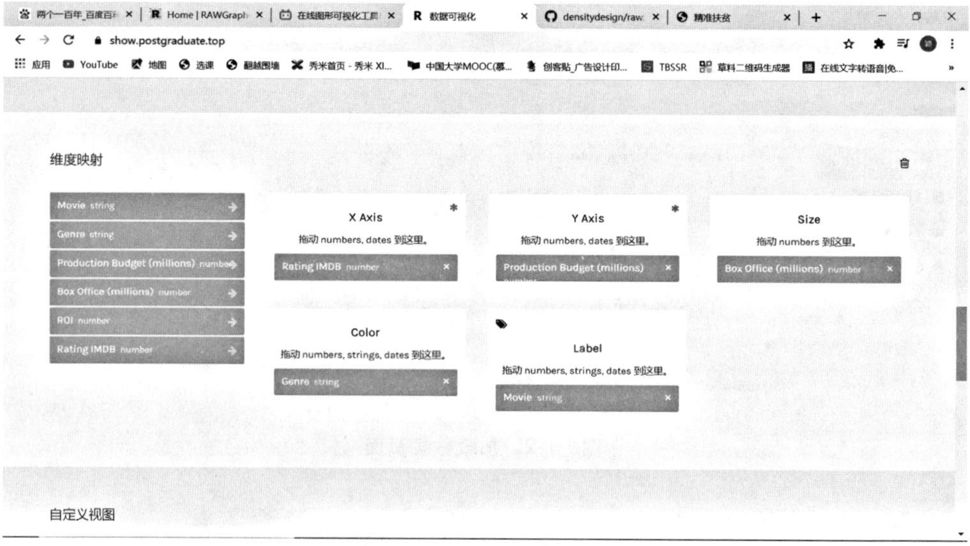

图5-1-4　散点图的维度映射

4.第四步：调整细节，生成数据图

在最后的界面中，可以对数据图的不同元素按需进行微调，最终可以导出svg、png、JSON文件，还可以复制可直接嵌入的SVG Code代码。

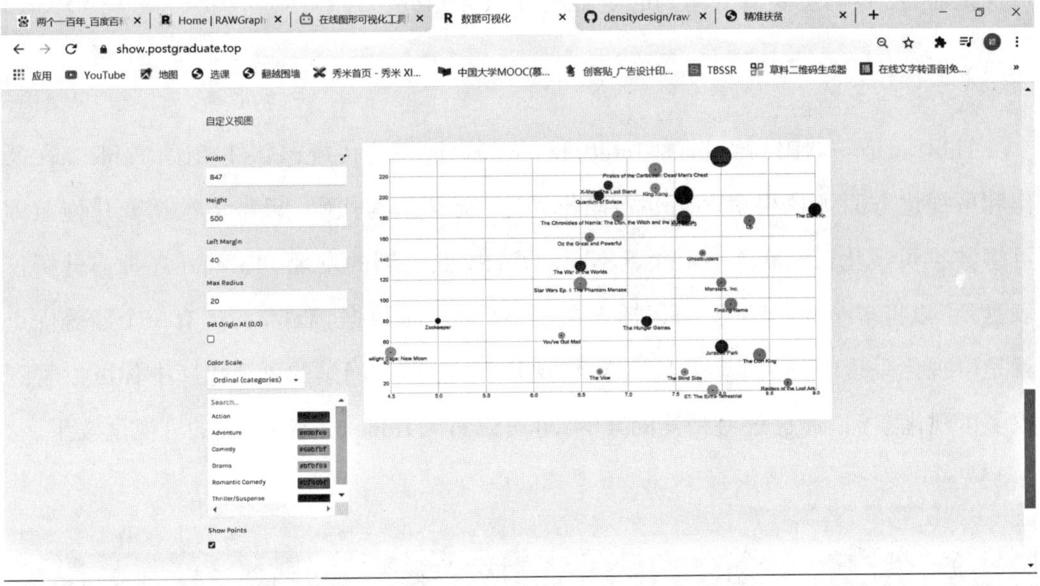

图5-1-5　自定义视图界面

（四）注意事项

（1）由于需要制作者自己拖拽变量，制作者需要在制作之前对要用的图表有充分的了解，比如该图表可以展示几个变量维度、使用什么类型的数据，以及展示效果等。

（2）原始配色较为随意，没有提供可供参考的配色方案，需要设计者有一定的配色知识。

（3）开源工具，有能力和意愿的制作者可以通过GitHub完善该工具。

三、Tableau Desktop

（一）简介

Tableau是一款商业智能工具软件，致力于帮助人们查看并理解数据，在数据可视化方面有着出色的表现。Tableau产品体系包括：Tableau Desktop，一款设计和创建视图、仪表盘，实现快捷数据分析功能的桌面端分析工具；Tableau Server，一款商业智能应用程序，用于发布和管理Tableau Desktop制作的报表以及发布和管理数据源；Tableau Reader，用于查看工作簿、数据明细，不允许更改工作簿的设计和布局的工具。除此之外，还有Tableau Online、Tableau Mobile和Tableau Public等工具。就实现可视化而言，我们主要需要用到的是Tableau Desktop。

（二）优点

Tableau是一款BI（Business Intelligence）软件，但与传统BI软件相比，Tableau在操作和可视化方面优越很多。Tableau操作简洁，无须编写代码，只需将数据变量拖放即可将数据可视化，还能进一步探索不同的视图，获得新的发现。Tableau还拥有分析仪表盘，可以将多个视图整合，可以插入文档，链接实时数据。Tableau还有一个显著优点就是可视化呈现十分美观，并且图表类型丰富。在官方网站的可视化库中你可以看到很多可视化案例，通过这些精美的案例，你可以看到Tableau能够实现的可视化效果。

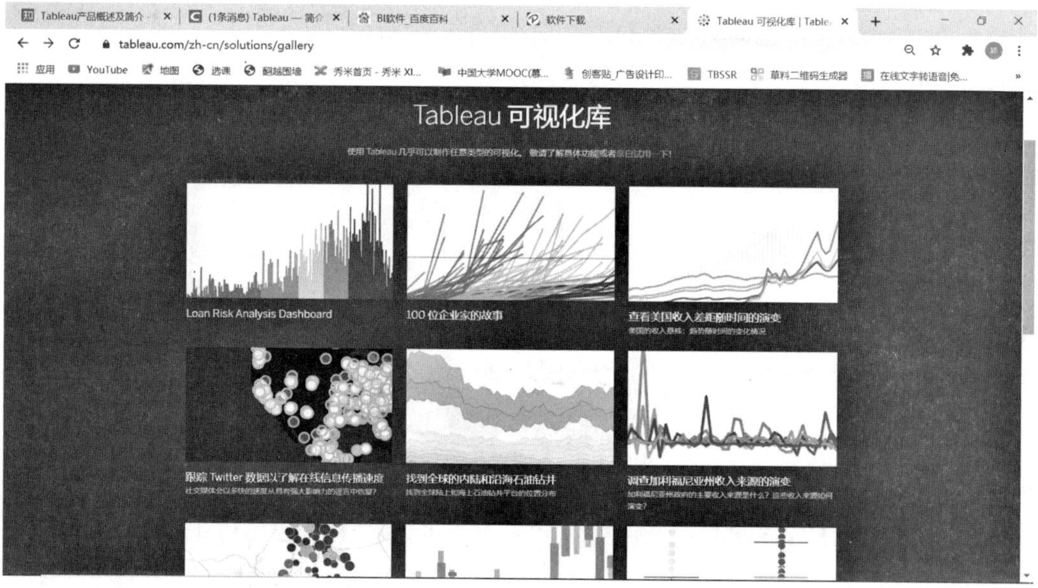

图5-1-6　Tableau可视化库拥有大量可视化案例

Tableau可以导出图像、PDF文件，还能将交互页面嵌入网页中。

（三）注意事项

学生按要求填写表格可以获取一年的免费试用，一年后如继续提供有效证明，还能继续延长使用。

四、Visualize Free

（一）简介

Visualize Free是一款免费的云托管、零客户端应用程序，用于数据可视化和分析。它是InetSoft开发的用于仪表板、报告和数据分析的商业平台的衍生产品。用户只需上传数据并拖放即可创建具有内置交互性的可视化仪表板。创建的专用仪表板可以使用生成的可共享链接与其他人共享。

官方网站：http：//visualizefree.com/index.jsp。

图5-1-7　Visualize Free官方网站首页

（二）优点

Visualize Free相对于商用可视化的工具InetSoft，是一款免费的替代方案。使用它，人们可以通过几个简单的点击来对多个数据集和变量进行筛选，确定趋势和处理数据。它的主要特点是需要用Excel或CSV格式上传个人的数据，仅仅需要拖放元素来建立可视化效果。除此之外，它还采用沙箱技术进行数据分析，用来保护上传数据的安全和个人的隐私，但个人也可以选择将数据共享。

（三）注意事项

上传数据支持Excel文件或文本（CSV或tab-delimited TXT）。

五、kepler.gl

（一）简介

Kepler.gl是一个强大的开源地理空间分析以及可视化工具，用于大规模数据集。

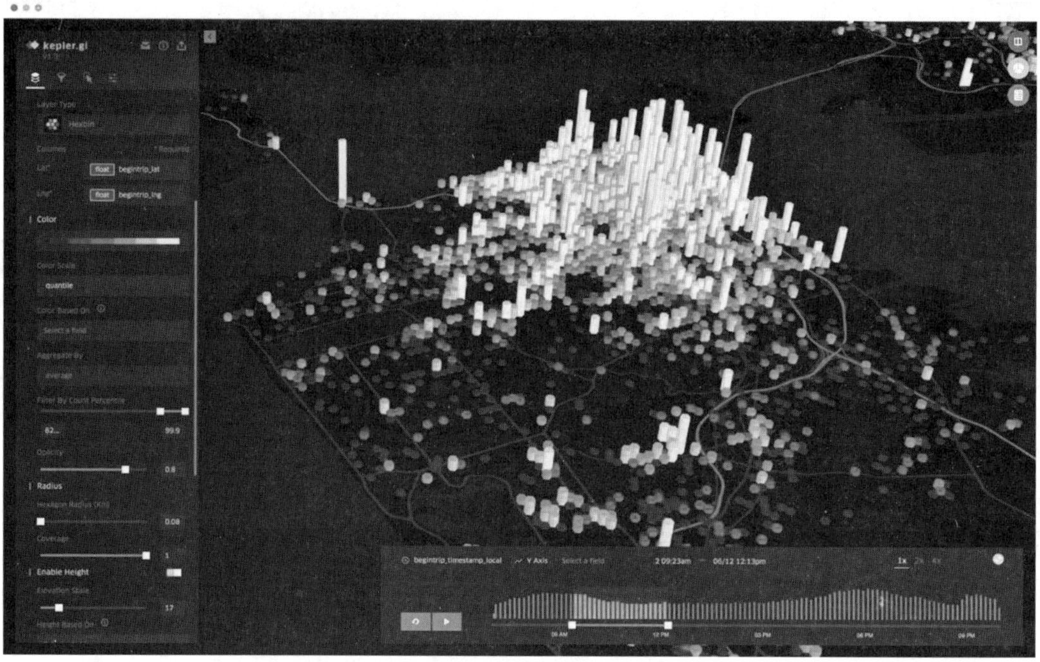

图5-1-8　kepler.gl的使用界面

（二）优点

Kepler.gl是一款强大的开源地理信息分析可视化工具，基于 Mapbox 的底层设计，提供更加简洁易行的位置数据分析能力。Mapbox 与 Uber 深度合作，将 kepler.gl 带到地图开发者社区。kepler.gl 可以完成复杂的数据分析，并生成非常漂亮的可视化效果。

在 kepler.gl 中创建的任何数据可视化效果都可以转化为自定义图层，添加到用户的地图中。对于图层的分类，kepler.gl 提供基本的点、弧、路径、多边形、网格和2D 及 3D 中的 hexbin。发挥你的想象，可以实现各种各样充满创意的项目。[①]

（三）注意事项

（1）Kepler.gl 目前部分功能不能很好地支持中文，所以变量名称最好用英文，不然在显示时会出现乱码。

（2）Kepler.gl 的地理信息即经纬度信息需要经度一个组、纬度一个组。并且，Kepler.gl 能够自动识别经纬度信息，不过需要你在给经纬度命名时采用：<name>_lat 和 <name>_lng 或者 <name>_latitude 和 <name>_longitude，或者 <name>_lat and <name>_lon。 其中<name>是自选的变量名称。[②]

（四）GIS知识补充

1.什么是GIS?

地理信息系统（Geographic Information System，GIS）是一门综合性学科，结合了地理学与地图学，已经被广泛地应用在不同的领域，是用于输入、存储、查询、分析和显示地理数据的计算机系统。

GIS是一种基于计算机的工具，可以对空间信息进行分析和处理，简而言之，它是对地球上存在的现象和发生的事件进行成图和分析。GIS 技术把地图这种独特的视觉化效果和地理分析功能与一般的数据库操作（如查询和统计分析等）集成在一起，使人们对于数据能够有更深的理解和新鲜的发现。[③]

2.GIS的可用数据源

（1）地图：各种类型的地图是GIS最主要的数据源，因为地图是地理数据的传统描述形式。我国大多数GIS系统的图形数据大部分都来自地图。

（2）遥感影像数据：遥感影像是GIS中一个极其重要的信息源。通过遥感影像可以快速、准确地获得大面积的、综合的各种专题信息，航天遥感影像还可以取得周期

---

① 这地图，好玩，酷炫、实用[EB/OL]．（2019-09-01）[2021-07-21]. https: //www. sohu. com/a/339398603_762580.

② Kepler. gl不需要一行代码！玩转酷炫的数据地图[EB/OL]．（2019-07-13）[2021-07-21]. https: //sspai. com/post/55655.

③ 地理信息系统（空间信息系统）[EB/OL]．[2021-07-21]. http: //baike. baidu. com/item/地理信息系统/171830.

性的资料，这些都为GIS提供了丰富的信息。

（3）数字数据：目前，随着各种专题图件的制作和各种GIS系统的建立，直接获取数字图形数据和属性数据的可能性越来越大。数字数据也成为GIS信息源不可缺少的一部分。[①]

3.制作地图的注意事项

在进行数据可视化制作时，如需用到地图元素，需使用中国地图出版社、国家基础地理信息中心编制的“标准地图服务”相关地图，并严格遵守自然资源部对于测绘的相关法规。[②]

六、集搜客分词和分类检索平台

（一）简介

作为数据可视化最经典的表现手段之一，词云图无疑是对海量文本内容进行直观呈现最简便的手段。词云图的基本原理是将不同频次的文字内容通过不同的字号排布呈现，从而形成错落有致的直观图片。因此，在获得源文本的基础上，首先要对文本内容进行分词以及词频统计。

除了自行完成文本分词之外，市面上也有许多开源公用的分词软件。集搜客分词和分类检索平台就是一款在线文本分词应用，不用安装软件，在线就可以输出实用的分词结果表。

官方网站：http：//www.gooseeker.com/res/softdetail_13.html。

（二）优点

（1）应用无须下载，只需要注册集搜客账号即可使用。

（2）使用步骤简单：

第一，导入数据。登录进入系统，点击“导入数据”开始创建任务。点击进入任务，

---

① GIS的数据源有哪些［EB/OL］.（2019-11-14）［2021-07-21］.https：//zhidao. baidu. com/question/1511060117911706380. html.

② 标准地图服务［EB/OL］.［2021-07-21］. http：//bzdt. ch.mnr. gov. cn/index. html. 自然资源部地区技术审查中心-法规文件［EB/OL］.［2021-07-21］. http：//www. zrzyst. cn/fgwj/index. jhtml.

在“原数据”页面可以看到导入状态，如果数据量很大，自动分词需要一些时间。该软件支持导入Excel、Word、TXT、PDF文档，无须再将爬下来的Excel转换为TXT。

图5-1-9　集搜客分词和分类检索平台步骤一

第二，筛选词语。勾选与研究目的相关的词，点击“确定”，即可选中本页保留词语，新一页词语也会同时出现，重复上述步骤直到所有词语从页面上消失，即表示词语筛选完成。点击“词语”即可查看样本数据。

图5-1-10　集搜客分词和分类检索平台步骤二

第三，如果想要补充词语，可以进行人工添加。在提交添加的时候，软件也将使用添加的词语匹配每条文本。

图5-1-11　集搜客分词和分类检索平台步骤三

第四，完成前几步后，即可下载选词结果表、打标结果表和分词效果表三张数据表。[①]

（三）注意事项

（1）导入数据时注意单个文件大小不要超过10M，如若超过，则需分成多个文件导入。

（2）如果导入Excel，序号和正文两列必须存在。

（3）集搜客分词和分类检索平台除了文本分词以外，还可以进行情感分析，以及文本分类的数据处理，可根据官方网站上的相关教程进行学习。

七、WordArt

（一）简介

WordArt是一款在线的词云创作软件，它能让用户轻松创作出好看的词云图。即

① 制作自己的segnet数据集_干货丨如何制作词云图？［EB/OL］.（2020-10-26）［2021-07-21］. https://blog.csdn.net/weixin_39684235/article/details/110371787.

使是没有任何平面设计知识的用户，也可以快速制作出不错的词云图。

官方网站：https：//wordart.com/。

（二）优点

网站为可视化操作界面，设计简洁明了，无须代码和设计基础。

（三）注意事项

（1）需要上传至少一个中文字体才可以制作出中文词云图。

（2）支持下载jpg和png两种格式。若希望图片更清晰，推荐选择png格式。

（3）注册登录这个网站后，可将本次编辑保存下来，随时更改。

八、iArtist

（一）简介

iArtist实时三维图形创作工具，是一款由艾迪普机构自主研发的实时三维可视化创作工具，以其易用的人机交互界面和丰富的效果特技支持，并凭借强大的实时渲染能力，让创意创作者生产出更高品质的图形图像产品。该工具可以广泛用于媒体内容生产与包装、新媒体视觉创意与创作、虚拟现实和增强现实应用、三维信息可视化教学、数字医疗、展览展示及全息影像可视化艺术创作等领域。我们可以利用该工具进行数据视频的制作。[①]

（二）优点

1.较高的实时性与效率

用户只需将物件栏中的单个物件效果拖拽到渲染窗口，不用再经历漫长的渲染等待，就可以直接观看到该物件效果所对应的三维效果。同时，用户还可将物件栏内的各种特效，如材质、光效、纹理等相应效果，甚至包括动画特效等，直接拖拽给物体，也可实时看到呈现效果。此外，iArtist支持二维场景的三维效果一键实时生成。

① 干货 | iArtist实时三维图形创作工具［EB/OL］.（2019-01-25）［2021-07-21］. https：//mp. weixin.qq. com/s/0mt30jFL8X0rtzCyDYkqbQ.

2.极强的兼容性

用户既可以通过iArtist直接对已经拍摄好的360度全景视频进行实时包装制作，也可以直接按照常规视频的制作方法进行相应操作，只需在输出视频时，将渲染模式设置为AR/VR即可。

3.丰富的数据接口

文本、Excel表单、XML、JSON等都可以实现导入及关联；而传统网络流和web端页面，也可以通过对应接口，实现轻松接入和数据获取。

4.实时交互，工具化操作

iArtist支持工具化的视觉可视化交互实时设计与制作，工具中内置了上百种交互逻辑功能节点，可完成复杂的可视化逻辑编排功能。

5.模型资源庞大

iArtist已与CG SaaS数字图形资产云平台实现联动。用户登录iArtist后，无须再登录云平台或切换页面，即可直接在iArtist的编辑界面中，对云平台上330多个分类下的超万套模型资源进行一键下载和上传。①

图5-1-12 iArtist操作界面

① 干货 | iArtist实时三维图形创作工具[EB/OL].(2019-01-25)[2021-07-21]. https://mp.weixin.qq.com/s/0mt30jFL8X0rtzCyDYkqbQ.

不过，此软件对电脑性能有一定要求；同时，软件中3D内容制作的操作步骤较为复杂。

第二节　设计辅助工具

一、配色

（一）ColorDrop

ColorDrop是一个提供色彩搭配方案的网站，帮助设计师在线调试颜色组合。该网站的特点是会将精心搭配的四个颜色放在一起，作为一个配色参考方案。用户还可以调整背景的颜色，以观察配色方案在不同背景下的表现。除了配色方案外，ColorDrop还提供扫描提取图片颜色、颜色编码转换等功能。ColorDrop的设计十分简洁，但这既是它的优点也是它的缺点。页面简洁便于用户快速找到心仪的颜色，激发配色灵感，并能直接复制使用颜色代码，但同时它的功能也比较单一，不能使用颜色代码找到配色方案，不能进行细微的颜色调试，一组方案只有四种颜色。除此之外，它的颜色检索功能不能直接显示颜色代码，对用户来说不是特别便利。

官方网站：https：//colordrop.io/。

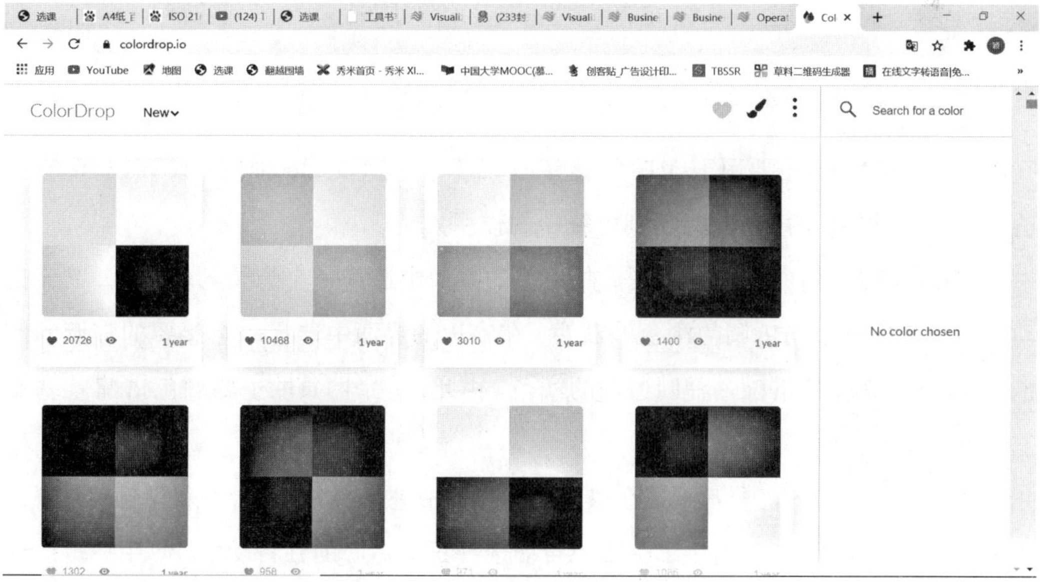

图5-2-1　ColorDrop官方网站首页

（二）Colorfavs

Colorfavs网站可以通过上传图片来分析图片的配色，可以直接获取颜色代码。在该网站搜索某一颜色，网站会提供关于此颜色的不同配色方案和相关颜色。用户选取某个颜色后可以便捷地查看该颜色的互补色和渐变色阶，找到适合这个颜色的配色方案。Colorfavs和ColorDrop相比功能较为齐全。

官方网站：http：//www.colorfavs.com/。

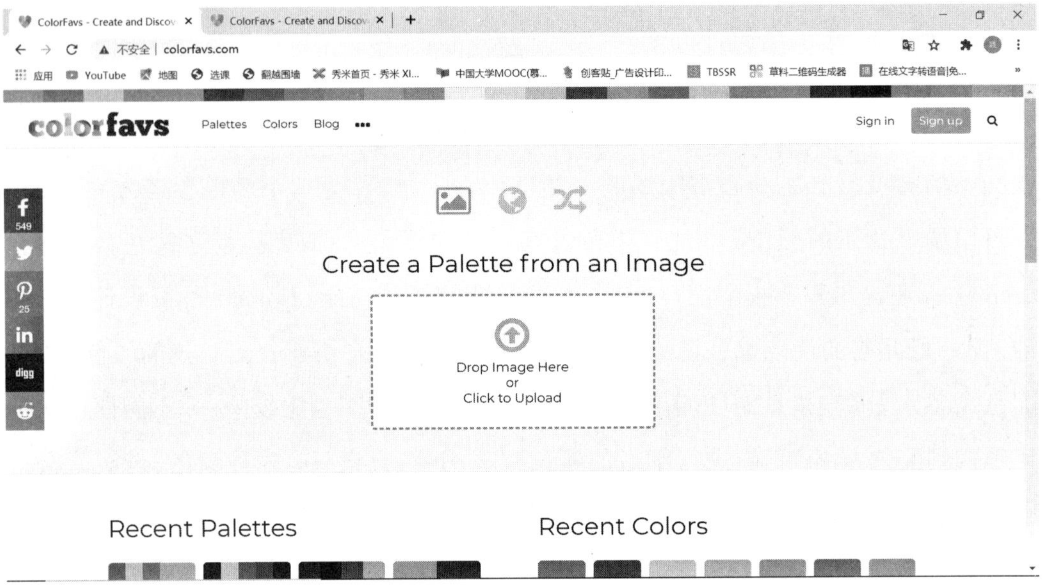

图5-2-2　Colorfavs官方网站首页

（三）Material Mixer

Material Mixer主要用于 MD 色彩参考（MD 是由 Google 推出的设计语言，它更适用于UI视觉界面的配色，能起到更统一的作用）。

Material Mixer的使用方法是，在左边的界面中选择一个想要的基础色，其会自动为用户搭配两个同色调的深色和浅色；在右边的界面中选择一个想要的强调的颜色，其会自动为用户搭配一种同色调的浅色。由此，一个网页的主要颜色搭配就基本上选择完了。

用户对所选择的色彩都可以在最右侧的界面中进行实时预览，并获得颜色信息，非常方便。此外，该工具提供了阴影色自动选择这一贴心的独特功能，使用户得以预览鼠标悬置时相应按钮的颜色。

官方网站：https：//materialmixer.co/。

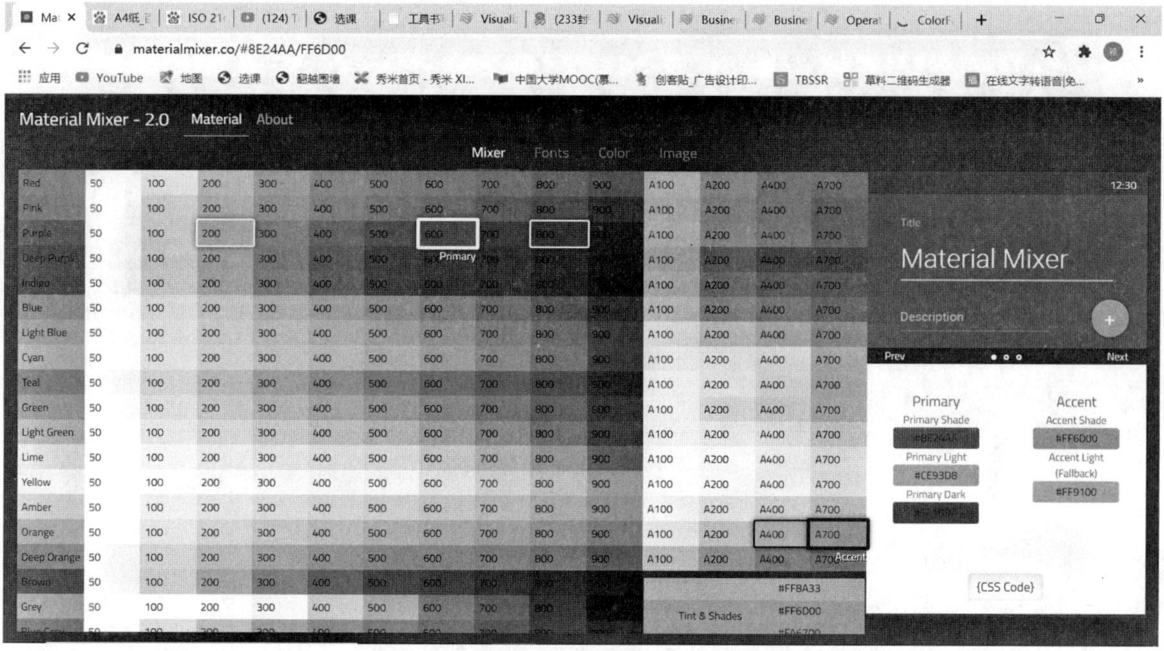

图5-2-3　Material Mixer官方网站首页

二、素材

（一）千图网

千图网提供各类设计素材，包括平面设计的图标、字体、插画、PPT模板、简历模板、新媒体配图、各类摄影作品、视频和音效等素材。在搜索框中直接输入想要搜索的图片素材，如“直行车 扁平”，即可获得相关内容的素材。还可以通过搜索分类的修改获取插画、元素、PPT等各种素材。千图网采用付费下载制，每天每个账户可免费下载一个素材。

官方网站：https：//www.58pic.com/。

图5-2-4 千图网官方网站首页

（二）Iconfont

Iconfont–阿里巴巴矢量图标库是一个搜索下载小图标的网站，小图标可以用于图表标题、图例等各个地方。

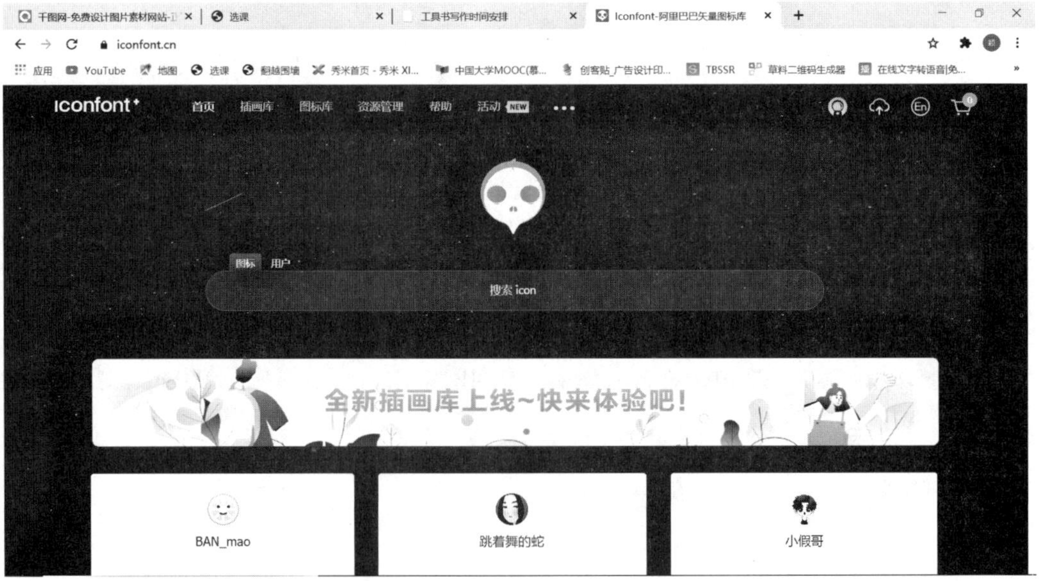

图5-2-5 Iconfont官方网站首页

Iconfont支持关键词模糊搜索，可以搜图标、搜用户，中英文无缝互译。用户在下载页面可以自由改变图标的颜色、大小，既可以直接点击选择网站设定的颜色，也可以输入颜色代码，同时支持多种格式的下载：svg、ai、png。将图标加入购物车后，可以批量下载素材。同时，Iconfont还有上传、共享、交流功能。

官方网站：https：//www.iconfont.cn/。

（三）Pixabay

Pixabay是一个拥有超过30万张免费相片、向量图与艺术插图素材的图库，均可用于商业用途，是一个免费CC0授权的高分辨率图库。CC0即公共领域贡献宣告授权，当创作者在自身作品中使用CC0授权时，代表其于符合法律规定的最大范围内，抛弃自己对于作品拥有的著作权，也意味着这些内容可以被任何人以任何方式使用，包括商业目的。因此，选择以CC0授权的相片素材是相当安全且合法的。[①]

官方网站：http：//pixabay.com/。

图5-2-6　Pixabay官方网站首页

① 干货|20个可用于商业用途的免费CC0授权的高分辨率图库［EB/OL］.（2019-05-03）［2021-07-21］. https：//mp. weixin. qq. com/s/JFarM 4u7ONQhWklFAQW6tQ.

（四）Stock Up

Stock Up也是一个可用于商业用途的免费 CC0 授权的高分辨率图库，收录了 Unsplash、Life of Pix、New Old Stock、Startup Stock、Jay Mantri 等九个图库网站的相片。需要注意，Stock Up只支持英文关键词，简单输入要查找的相片主题，即可快速从这些网站内找出相关内容。Stock Up 预设会搜寻所有的图库，但也可以自行选择、指定搜寻其中的某个网站。用户点选想要下载、使用的图片后，网站会开启并链接到原始网站，此时只需点选 Download 或将图片另存为，即可使用这些免费的图库内容。①

官方网站：http：//www.sitebuilderreport.com/stock-up。

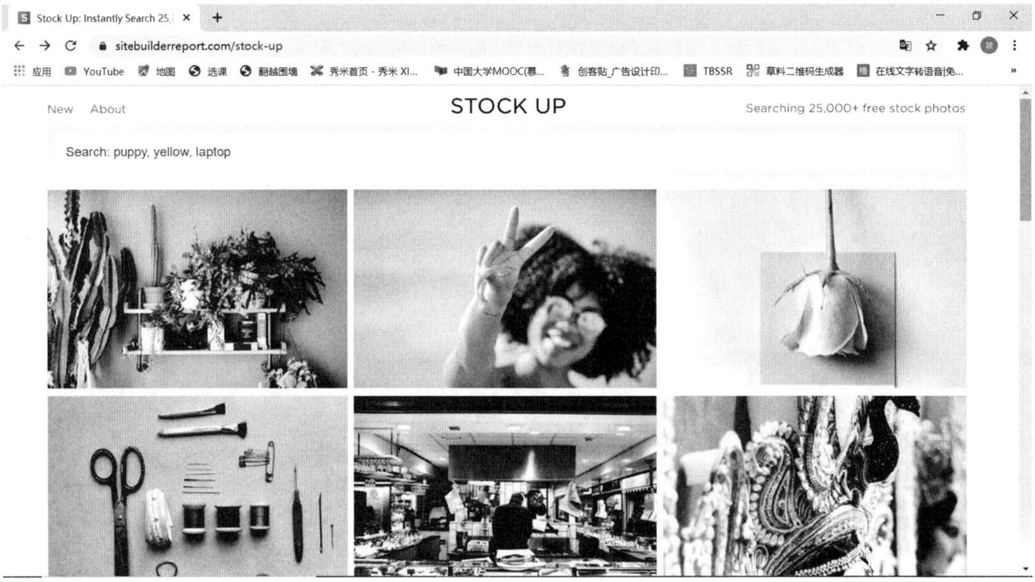

图5-2-7　Stock Up官方网站首页

三、字体

（一）Typewolf

Typewolf是一个有关字体的指南性网站。它提供了挑选字体的教程以及浏览最新、最热字体的资源。

① 干货|20个可用于商业用途的免费 CC0 授权的高分辨率图库[EB/OL].(2019-05-03)[2021-07-21]. https：//mp. weixin. qq. com/s/JFarM 4u7ONQhWklFAQW6tQ.

Typewolf网站每天都会更新不同风格字体的应用案例，并向用户建议字体的使用范式。这些都通过海报的方式呈现，用户能以此跳转到它所介绍的网页。

Typewolf网站还会向用户介绍有关字体的排版知识，以及一些冷知识，比如“世界上最贵的字体”。用户还能购买网站作者的相关书籍进行进一步了解，不仅如此，网站作者还提供了newsletter渠道向用户推送最新的字体资讯。[①]

官方网站：https：//www.typewolf.com/。

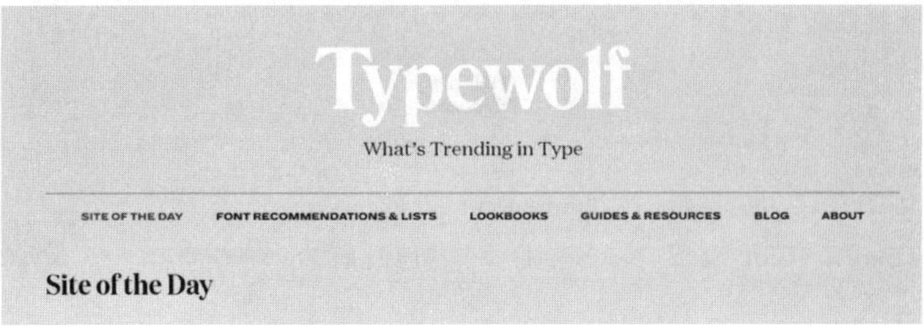

图5-2-8 Typewolf官方网站首页

（二）WhatFont Tool

WhatFont Tool是一款能够快速浏览网页字体的工具，是谷歌浏览器的插件。用户需要的只是将它下载并作为浏览器插件，然后在一段文字处点击它，就能知道这段文字的字型名称，字体样式、厚度、大小，行高等信息。

官方网站：http：//www.chengyinliu.com/whatfont.html。

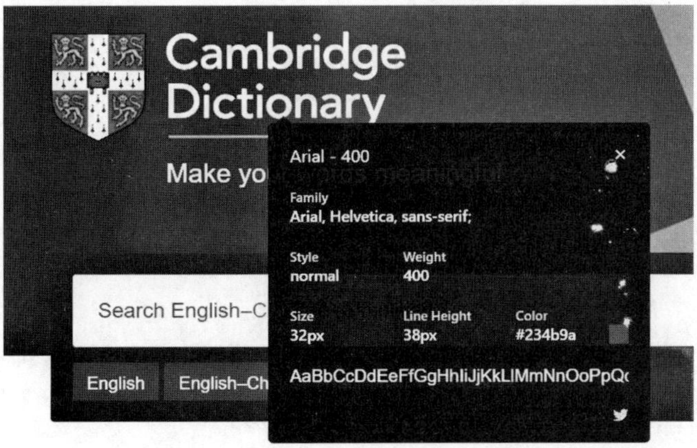

图5-2-9 WhatFont Tool使用

① 干货|三个帮助你挑选字体的工具［EB/OL］.（2019-01-05）［2021-07-21］. https：//mp. weixin. qq. com/s/Upo9eNVH5VChwcwSQHXj3w.

（三）Myfonts

Myfonts是一个能够浏览并搜索字体的网站，它能够根据用户上传的图片即时识别字体，也支持付费下载用户提供的字体样式。

官方网站：https：//www.myfonts.com/。

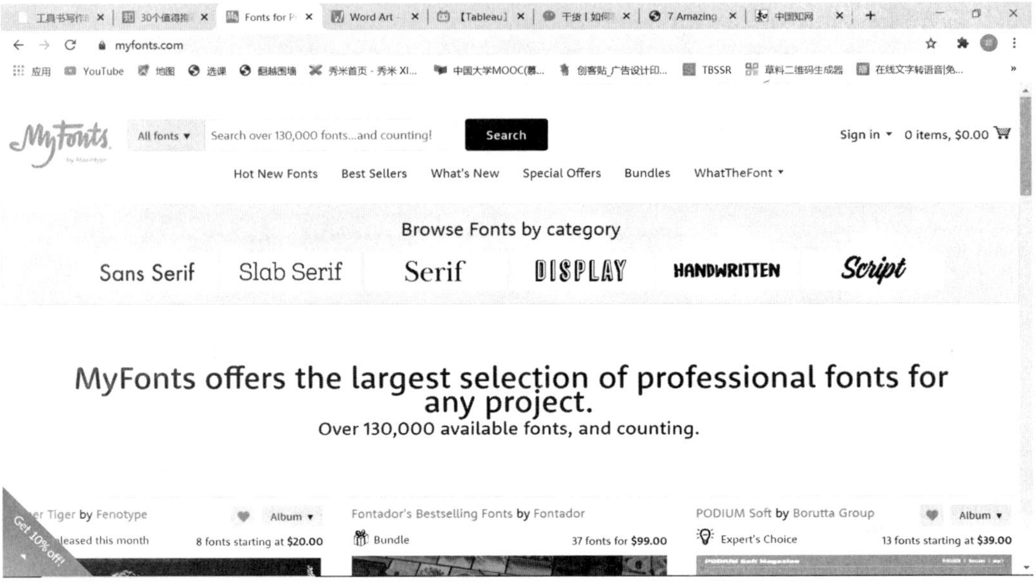

图5-2-10　Myfonts官方网站首页

第三节　网页制作工具

一、Klynt

（一）简介

Klynt是一个可以制作互动网页的付费应用程序，旨在创建一种经济实惠且易于使用的解决方案，以便在互联网上探索新的叙事形式。

官方网站：https：//www.klynt.net/。

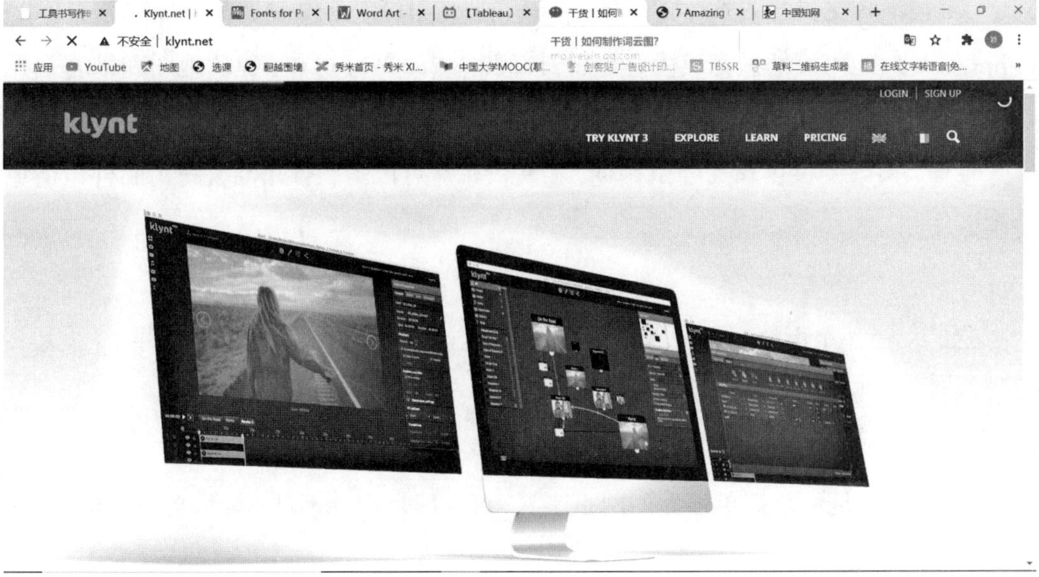

图5-3-1　klynt官方网站首页

（二）优点

（1）Klynt可用于以可视化的方式编辑以视频为中心的网页，不用写代码，用户可以在一个用户友好的界面下，只从视觉效果的角度编辑网页。

（2）Klynt提供视觉故事板功能。在Klynt的故事板中，创作者可以把自己的视频素材用思维导图一样的方式组织起来，创建并编辑其中的逻辑关系，整个过程都清晰可见。

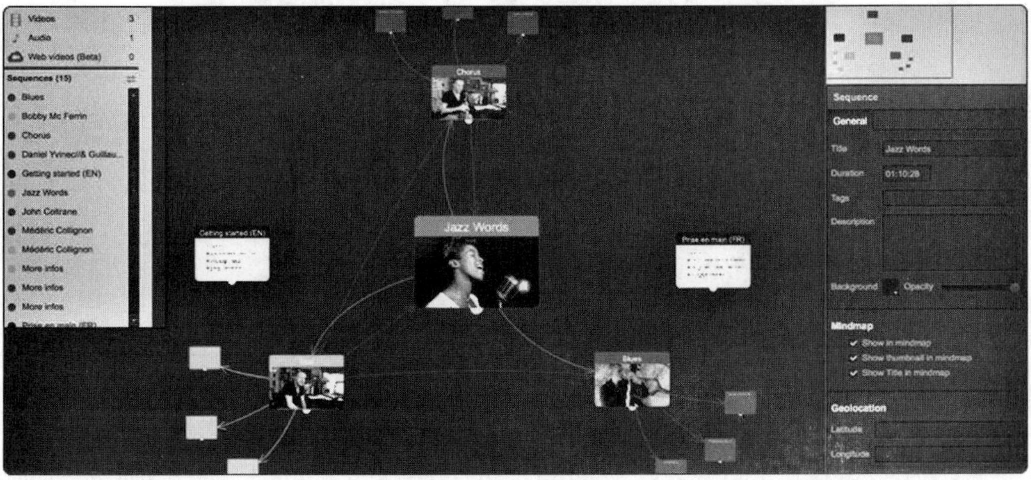

图5-3-2　klynt故事板

（3）Klynt支持导入文本、图像（png，jpeg，gif）、音频（MP3）和视频（MP4，webm，ogg），也可以插入网页内容（RSS订阅源、YouTube视频、谷歌地图和维基百科页面），或接受Photoshop的工程文件。①

注意：该软件提供14天的试用期，在校大学生可以给软件出品公司写邮件申请免费版。

二、Readymag

（一）简介

Readymag是一个简单强大的网页工具，可以用来设计网站、演示文稿、作品集和各种数字出版物。

官方网站：https：//readymag.com/。

图5-3-3　Readymag官方网站首页

（二）优点

（1）可视化界面便于操作。无须编写代码，所有操作在可视化的操作界面呈现，新用户上手操作比较简单。

① 白杨数说丨不会写代码？也能做网页！［EB/OL］.（2019-07-19）［2021-07-21］. https：//mp. weixin. qq. com/s/G-cmQiwfcwQ3fub0zQuapg.

（2）自由度较高，在提供参考模版之余，用户可以自行搭建网站，适合数据新闻工作者进行个性化操作。

不过，在该工具中不便上传视频文件，视频将以链接地址的形式呈现；该工具目前仅支持一种默认中文字体，如需自定义中文字体，则要在付费升级成为专业账户后上传本地字体。

三、W3school

（一）简介

W3school是全球最大的中文Web技术教程，一直在升级和更新，致力于推广W3C标准技术。

官方网站：http：//www.w3school.com.cn。

（二）优点

（1）网站建设教程均免费。通过浏览网站提供的学习教程与参考手册，用户可以在这里学习所需要的所有的网站建设教程，从基础的 HTML 到 CSS，乃至进阶的 XML、SQL、JS、PHP 和 ASP.NET。

（2）实例丰富。网站提供了上千个实例，用户若想实现代码的某一功能，可以修改实例实现这个功能。同时，网站还提供了测验功能，用户可以参与测验，考察自己对于某种语言的掌握程度。

W3school
Go
HTML / CSS
JavaScript
Server Side
ASP.NET
XML
Web Services
Web Building
领先的 Web 技术教程 - 全部免费
在 w3school，你可以找到你所需要的所有的网站建设教程。
从基础的 HTML 到 CSS，乃至进阶的 XML、SQL、JS、PHP 和 ASP.NET。
从左侧的菜单选择你需要的教程！
完整的网站技术参考手册
我们的参考手册涵盖了网站技术的方方面面。
其中包括W3C标准技术：HTML、CSS、XML，以及其他技术，诸如 JavaScript、PHP、SQL 等。
在线实例测试工具
在 w3school，我们提供上千个实例。
通过使用我们的在线编辑器，你可以编辑这些例子，并对代码进行实验。

图5-3-4　W3school官方网站首页

参考文献合集

第一章　数据搜集方法——自主编程

方洁.数据新闻概论[M]. 2版. 北京：中国人民大学出版社，2019：90.

Node.js菜鸟教程［EB/OL］.［2021-07-21］. https：//www.runoob.com/nodejs/nodejs-tutorial.html.

nodeJs爬虫的技术点总结［EB/OL］.（2018-05-13）［2021-07-21］. https：//www.jb51.net/article/140016.htm.

jQuery百度百科［EB/OL］.［2021-07-21］. https：//baike.baidu.com/item/jQuery/5385065? fr=aladdin#5.

庄旭东，王志坚.基于R语言爬虫技术的网页信息抓取方法研究——以抓取二手房数据为例[J].科技风，2019（06）：54，56.

R语言网络爬虫经验［EB/OL］.（2019-02-18）［2021-05-30］.http：//www.360doc.com/showweb/0/0/963388677.aspx.

郑林峰. 爬虫还在用Python？我与Node.js不得不说的故事［EB/OL］.（2017-06-11）［2021-07-21］. https：//mp.weixin.qq.com/s/nxTBXbWZqt3uZ1oqEN0pzA.

第二章　数据搜集方法——工具运用

八爪鱼采集器官方网站［EB/OL］.［2021-07-21］. https: //www.bazhuayu.com/.

集搜客GooSeeker官方网站［EB/OL］.［2021-07-21］. http: //www.gooseeker.com/.

后羿采集器官方网站［EB/OL］.［2021-07-21］. http: //www.houyicaiji.com/.

第三章　数据清洗工具

Microsoft Excel官方网站［EB/OL］.［2021-07-21］. https: //www.microsoft.com/zh-cn/microsoft-365/excel.

ExcelHome教程中心［EB/OL］.［2021-07-21］. http: //www.excelhome.net/.

IBM SPSS官方网站［EB/OL］.［2021-07-21］. https: //www.ibm.com/cn-zh/analytics/spss-statistics-software.

SPSS统计分析: 多因素方差分析［EB/OL］.（2020-04-18）［2021-07-21］.http: //www.itongji.cn/detail? type= 99991511.

Tableau百度百科［EB/OL］.［2021-07-21］. https: //baike.baidu.com/item/tableau/9328520? fr=aladdin.

Tableau官方网站［EB/OL］.［2021-07-21］. https: //www.tableau.com/.

IT屋教程中心［EB/OL］.［2021-07-21］. https: //www.it1352.com/.

第四章　数据呈现方法

RGB与HSB之间转换［EB/OL］.（2018-02-02）［2021-07-21］. https: //www.bbsmax.com/A/Vx5M67vYdN/.

PS中关于HSB色彩模式详解［EB/OL］.（2019-08-03）［2021-07-21］. https: //zhuanlan.zhihu.com/p/76532451.

配色方法与效果［EB/OL］.（2016-09-07）［2021-07-21］. http: //photoplanet.cc/edit/monochromatic-color/.

6分钟带你了解最基本的配色方法［EB/OL］.（2018-05-02）［2017-07-21］. http: //m.v.qq.com/play.html? cid=&vid=e0642h84rop&vuid24=vUYxY9STD4MRYM

CwP5wGIA%3D%3D&ptag=3_7.0.9.5691_copy.

Adobe Color CC官方网站[EB/OL].[2021-07-21]. https: //color.adobe.com/.

D3官方网站[EB/OL].[2021-07-21]. https: //d3js.org/.

GitHub内的D3使用手册[EB/OL].[2021-07-21]. https: //github.com/d3/d3/wiki/Tutorials.

jQuery官方网站[EB/OL].[2021-07-21]. https: //jquery.com/.

ScrollMagic官方网站[EB/OL].[2021-07-21]. https: //scrollmagic.io/.

Adobe Photoshop官方网站[EB/OL].[2021-07-21]. https: //www.adobe.com/cn/products/photoshop.html.

Adobe Illustrator用户指南[EB/OL].[2021-07-21]. https: //helpx.adobe.com/cn/illustrator/user-guide.html.

Adobe Illustrator官方网站[EB/OL].[2021-07-21]. https: //www.adobe.com/cn/products/illustrator.html.

第五章 数据呈现工具

这地图，好玩，酷炫、实用[EB/OL].(2019-09-07)[2021-07-21]. https: //www.sohu.com/a/339398 603_762580.

Kepler.gl 不需要一行代码！玩转酷炫的数据地图[EB/OL].(2019-07-13)[2021-07-21]. https: //sspai.com/post/55655.

地理信息系统百度百科[EB/OL].[2021-07-21]. https: //baike.baidu.com/item/%E5%9C%B0%E7%90%86%E4%BF%A1%E6%81%AF%E7%B3%BB%E7%BB%9F/171830? fromtitle=GIS&fromid=31541&fr=aladdin.

GIS的数据源有哪些[EB/OL].(2019-11-14)[2021-07-21]. https: //zhidao.baidu.com/question/1511060117911706380.html.

制作自己的segnet数据集_干货|如何制作词云图？[EB/OL].(2020-10-26)[2021-07-21]. https: //blog.csdn.net/weixin_39684235/article/details/110371787.

干货|iArtist实时三维图形创作工具[EB/OL].(2019-01-25)[2021-07-21].

https://mp.weixin.qq.com/s/0mt30jFL8X 0rtzCyDYkqbQ.

干货|20个可用于商业用途的免费 CC0 授权的高分辨率图库[EB/OL].(2019-05-03)[2021-07-21]. https://mp.weixin.qq.com/s/JFarM4u7ONQhWklFAQW6tQ.

干货|三个帮助你挑选字体的工具[EB/OL].(2019-01-05)[2021-07-21]. https://mp.weixin.qq.com/s/Upo9eNVH5V ChwcwSQHXj3w.

白杨数说|不会写代码?也能做网页![EB/OL].(2019-07-19)[2021-07-21]. https://mp.weixin.qq.com/s/G-cmQiw fcwQ3fub0zQuapg.

W3school百度百科[EB/OL].[2021-07-21]. https://baike.baidu.com/item/W3School/4849 562? fr=aladdin.

图书在版编目(CIP)数据

数据新闻报道软件工具与应用 / 詹新惠,陈晓晗,汪惠怡编著.-- 北京:中国传媒大学出版社,2021.9
(中传精品教材·融媒体传播与数据新闻系列)
ISBN 978-7-5657-3013-9

Ⅰ.①数… Ⅱ.①詹… ②陈… ③汪… Ⅲ.①数据处理—应用—新闻报道—软件工具—高等学校—教材 Ⅳ.①G212 ②TP311.56

中国版本图书馆 CIP 数据核字(2021)第 176663 号

数据新闻报道软件工具与应用
SHUJU XINWEN BAODAO RUANJIAN GONGJU YU YINGYONG

编　著	詹新惠　陈晓晗　汪惠怡		
责任编辑	于水莲		
责任印制	李志鹏		
封面设计	拓美设计		
出版发行	中国传媒大学出版社		
社　址	北京市朝阳区定福庄东街 1 号	邮　编	100024
电　话	86-10-65450528　65450532	传　真	65779405
网　址	http://cucp.cuc.edu.cn		
经　销	全国新华书店		
印　刷	北京中科印刷有限公司		
开　本	787mm×1092mm　1/16		
印　张	黑白 8.75　彩插 2		
字　数	180 千字		
版　次	2021 年 9 月第 1 版		
印　次	2021 年 9 月第 1 次印刷		
书　号	ISBN 978-7-5657-3013-9/G·3013	定　价	49.00 元

本社法律顾问:北京李伟斌律师事务所　郭建平